अनुप्रयुक्त राजभाषा

अनुप्रयुक्त राजभाषा

डॉ. माणिक मृगेश

वाणी प्रकाशन

वाणी प्रकाशन

4695, 21-ए, दरियागंज, नयी दिल्ली 110 002

शाखा

अशोक राजपथ, पटना 800 004

फ़ोन: +91 11 23273167 फ़ैक्स: +91 11 23275710

www.vaniprakashan.in

vaniprakashan@gmail.com

ANUPRAYUKT RAJBHASHA

by Dr. Manik Mrigesh

ISBN : 978-93-5000-887-4

Linguistic

प्रथम संस्करण 2011

मूल्य : ₹ 295

ओम ऑफसेट, दिल्ली-110093 में मुद्रित

वाणी प्रकाशन का लोगो मक़बूल फ़िदा हुसेन की कूची से

अनुक्रमणिका

खंड-3
राजभाषा

खंड-4
प्रकीर्ण खंड

भूमिका

सरकारी कामकाज में हिंदी का प्रयोग बढ़ा हो या न बढ़ा हो मगर हिंदी की स्वीकार्यता आज देश में ही नहीं विदेशों में भी हो गई है। देश की बात करें, आप जानते हैं कि लगभग 30 वर्ष पूर्व तमिलनाडु के (आज के) मुख्यमंत्री हिंदी के पक्ष में नहीं थे लेकिन अभी पिछले वर्षों में जब महाराष्ट्र में एक नए उभरे राजनीतिक दल ने मुंबई में हिंदी के बोर्ड, नामपट्ट उखाड़े तथा हिंदी का विरोध किया तो दूसरे दिन तमिलनाडु के मुख्यमंत्री की ओर से मीडिया में एक बयान दिया गया कि दक्षिण भारत के लोग हिंदी के विरोधी नहीं, पक्षधर हैं तो इन तीस वर्षों में हिंदी ने कुछ पाया हो या न पाया हो मगर एक खुला समर्थन जरूर प्राप्त कर लिया है। हिंदी अधिकारियों ने कुछ किया हो या न किया हो, मगर इतना जरूर किया है कि देश का बच्चा बच्चा जान गया है कि **14 सितम्बर का मतलब हिंदी दिवस होता है।** यह मनवाना और जनवाना कम बड़ीं बात नहीं है। तो देश में गौहाटी से चौपाटी तक सागर से कंचनजंगा तक कृष्णा गोदावरी से यमुना गंगा तक हिंदी का बहाव, फैलाव व शैलाव हो चुका है।

अंतरराष्ट्रीय स्तर पर बात करें तो अमरीका के राष्ट्रपति ने अपने सुरक्षा अधिकारियों को हिंदी सीखने के निर्देश दिए हैं। संयुक्त राष्ट्र संघ के महासचिव ने विश्व हिंदी सम्मेलन का उद्‌घाटन हिंदी वाक्य से किया था। विश्व के 100 से अधिक विश्वविद्यालयों में हिंदी पढ़ाई जा रही है।

विदेशों में जो छात्र-छात्राएँ पढ़ने के लिए जा रहे हैं, वे सभी, तथा कुछ पढ़ लिखकर वहीं रोजगार पा जाते हैं तथा कुछ घर भी बना लेते हैं, उन सभी की सम्पर्क भाषा हिंदी ही रहती है इसलिए आज हिंदी की उपादेयता बढ़ी है।

लाभप्रदता भी हिंदी के कारण बढ़ती है क्योंकि हिंदी का उपभोक्ता वर्ग संसार में सबसे बड़ा है इसलिए राष्ट्रीय व बहुराष्ट्रीय कंपनियाँ भी हिंदी को अपना रही हैं। हिंदी के कारण उनकी लाभ प्रदता में बढ़ोत्तरी हुई है।

इस पुस्तक के लिखने की पृष्ठभूमि में प्रयोजन भी यही रहा है कि सभी वर्ग के लोग चाहे वे विद्यार्थी हों, शोधार्थी हों, या फिर हिंदी में रुचि रखने वाले आमजन हों उनको इस पुस्तक में एक जगह सभी सामग्री मिल जाएगी। इस पुस्तक में हिंदी

की उत्पत्ति-विकास, इतिहास, कोव्यशास्त्र व संघ की भाषा नीति की सामान्य जानकारी दी गई है। इसके साथ हिंदी के प्रचार प्रसार से जुड़ी समितियों व संस्थानों की भी जानकारी दी गई है। इसलिए इस पुस्तक का नाम 'अनुप्रयुक्त राजभाषा' रखा गया है।

राजभाषा संबंधी जानकारी राजभाषा विभाग की साइट से ली गई है। अन्य संस्थानों की जानकारी संबंधित संस्थानों के ब्राउचरों से ली गई है। इसके अतिरिक्त हिंदी, भाषा विज्ञान, राजभाषा संबंधी कई लेख भी सम्मिलित किए गए हैं। पुस्तक रोचक शैली में लिखी गई है। आशा है कि आम पाठकों के लिए सूचनाप्रद साबित होगी।

इस पुस्तक के प्रकाशन में पत्नी सावित्री का पूरा पूरा सहयोग रहा है। वाणी प्रकाशन के प्रोपराइटर श्री अरुण माहेश्वरी का आभारी हूँ कि उन्होंने मेरी अधिकांश पुस्तकें प्रकाशित कर मुझे देश के लेखकों की पंक्ति में बैठा दिया है।

–डॉ. माणिक मृगेश

मृगेशायन
22 बी, मनोरथ सो.
न्यू समा
बडोदरा–8

खंड-1

हिंदी भाषा साहित्य, भाषा विज्ञान, व्याकरण

विश्व भाषा परिवार

संसार में मुख्यतया निम्नांकित भाषा परिवार हैं–

भारोपीय
द्रविड़
बुरुशस्की
यूराल-अलताई
काकेशी
चीनी
जापानी-कोरियाई
हाइपरबोरी अत्युत्तरी
वास्क
हेमिटिक-सैमेटिक
सूडानी
बांटू
बुशमैनी
मलय पॉलिनेशियन
ऑस्ट्रिक-एशियाई
दक्षिण पूर्व एशियाई

भारत ईरानी

भारत ईरानी की तीन शाखाएँ विकसित हुईं

- ईरानी–अवेस्ता, फारसी, पश्तो आदि
- दरद–चित्राली, कश्मीरी आदि
- भारतीय–वैदिक संस्कृत, संस्कृत, पालि, प्राकृत, अपभ्रंश, हिंदी

भारतीय आर्य भाषा

भारत में आर्यों के आने से पूर्व भी हमारे यहाँ भाषाएँ/बोलियाँ थीं क्योंकि 7-8 आदिवासी सशक्त कबीले देश में थे जिनकी अपनी बोलियाँ थीं – लिखित नहीं। ये आदिवासी जनजातियाँ निम्नांकित थीं–

1. नीग्रेटो

भारत की यह प्राचीनतम आदि जाति है। ये मूलतः अफ्रीकी थे। अरब ईरान होते हुए भारत में आए। इनमें से कुछ असम, वर्मा होते हुए इंडोनेशिया चले गए। दक्षिण भारत के तमिलभाषी पनियर, कदिर, इसला तथा असम के मंगोली/किरात अंडमान के दो ढाई सौ व्यक्ति अपनी भाषा का प्रयोग करते हैं। आधुनिक भारतीय भाषाओं में बादुड़ बादुड़ी और बाद में भादुड़ी इन्हीं का शब्द है।

2. ऑस्ट्रिक

इनका मूल स्थान भूमध्य सागर माना जाता है। ये ईरान, ईराक होते हुए भारत आए। इनका मूल स्थान भूमध्य सागर माना जाता है। ये भारत से इंडोनेशिया होते हुए ऑस्ट्रेलिया पहुँच गए। भारत की कोलमुडा खासी, मोनसमेर निकोबारी इन्हीं की भाषाएँ हैं। भारत में निषाद, सौद्युम्न, कोल भील, पुलिंद, शवर आदि नामों से पुकारा जाता है। पान, सुपारी, धान, लौकी, बैंगन, हल्दी, केला, अदरक, कौड़ी

सिंदूर इन्हीं की देन है। कदली, वाण, तांबूल, दिनांक, लिंग, कम्ब आदि इन्हीं के शब्द हैं।

3. द्रविड़

भारत में ये लोग ईसा 4000 के बाद आए। आज तमिल, तेलुगु, कन्नड़, मलयालम, के साथ साथ तुलुर(मैंगलूर, कनारा जिला, मणिपाल उड़पी कुदापुर) टोडा गौंड(मध्य भारत) खेद(उड़ीसा) औराँव(बिहार) इनके अवशेष हैं।

हिंदू धर्म के शिव पार्वती, देवी अनुमान, कार्तिकेय, गरुण, इन्हीं के संस्कार थे। 'ह' वर्ग का विकास द्रविड़ों की देन है। अणु, कला, गण, नाना, पुष्प, बीज, रात्रि, सायं, तंडुल, मर्कटशव, श्रेष्ठन(सेठ) शेट, शेट्टी, झगड़ा, सीप, खूँटा, द्रविड़ों के शब्द हैं। इसी प्रकार प्रतिध्वन्यात्मक शब्द घोड़ा- किताब सिताब, चाय-साय द्रविड़ों की देन है।

4. किरात

किरात आदिवासी मूलतः यांगतीसीक्यांग नदी के पास रहने वाले आदि मंगोल थे। चीनी सभ्यता के ये जनक माने जाते हैं। इनकी एक शाखा ब्रह्मपुत्र के रास्ते उत्तरी पहाड़ी भागों – सिंध, पंजाब, उत्तर प्रदेश, राजस्थान, बिहार, असम, बंगाल एवं उड़ीसा में आई। इनकी प्रमुख भाषाएँ – नगा, गारो, जोरो, बोडो, लोलो तथा नेवारी आदि हैं। ये चीनी परिवार की तिब्बती – वर्मा शाखा से संबंधित हैं। भारत में ये ऑस्ट्रिकों से प्रभावित हुए बाद में इन्होंने द्रविड़ों एवं आर्यों को प्रभावित किया। बल्लम (भाला) चेबा, वोंच, खोखा, फेंटा इनके दिए हुए शब्द हैं। डिंगबोई (डिगबोई) एवं डिब्रूगढ़ बिहामपुर इनके बसाए हुए शहर हैं।

भाषा और बोलियाँ

भाषा ध्वनि प्रतीकों की आपसी समझ से तय की हुई एक अस्थाई व्यवस्था है जिसके माध्यम से एक भाषाई समाज के लोग आपस में विचार विनियम करते हैं जैसे राजीनामा, राजीनामा का अर्थ हिंदी भाषी क्षेत्रों में समझौता, सहमति होता है जबकि गुजरात, महाराष्ट्र एव आंध्र प्रदेश में त्यागपत्र, इस्तीफा यानी असहमति से होता है। ध्वनि प्रतीकों के अर्थ देशकाल, स्थान के आधार पर बदलते रहते हैं।

एक समय में सुर का अर्थ देवता था तो दूसरे काल में (ऋगवेद) सुर का अर्थ राक्षस हो गया। जंघा का अर्थ संस्कृत में घुटने से नीचे के भाग का नाम है तो हिंदी में घुटने से ऊपर का भाग। संस्कृत में गोष्ठी का अर्थ, गाय बाँधने का स्थान था तो हिंदी में सेमिनार के अर्थ में आ गया और अब उस स्थान पर विद्वान बँधने लगे।

भाषा परिवार

संसार में 16-17 भाषा परिवार हैं जिनमें हेमेटिक, सेमेटिक, मंगोलियाई, कोरियाई, तिब्बती, चीनी, यूरल अल्टाइक, बंटू, भारोपीय द्रविड़ एवं दरद परिवार मुख्य हैं।

शौरसेनी	पश्चिमी हिंदी, राजस्थानी, गुजराती
पैशाची	लहँदा पंजाबी
ब्राचड़	सिंधी
महाराष्ट्री	मराठी
अर्ध मागधी	पूर्वी हिंदी
मागधी, बिहारी,	बंगला, उड़िया, असमिया

भारत की भाषाओं का संबंध मूलतः दो भाषा परिवारों व गौणतः तीन से है भारोपीय, द्रविड़ एवं दरद। कहते हैं कि ईसा से 1500 वर्ष पूर्व आर्य भारत में आए। नवीनतम खोजों के अनुसार आर्य दक्षिणी रूस से ईरान होते हुए भारत आए। भारत में सिंधु नदी के किनारे आकर बसे। धीरे धीरे दक्षिण भारत की ओर प्रस्थान कर गए। जब आर्य भारत में आए उस समय भी भारत में भाषाएँ थीं, बोलियाँ थीं। वे मूलतः आदिवासी जन जातियों की थी जिनमें प्रमुख थे, द्रविड़, ऑस्ट्रिक, नीग्रोटो, किरात, भील, मुंडा, उरॉव आदि। ये सभी भाषाएँ द्रविड़ परिवार की हैं। द्रविड़ से अपभ्रंश होते

होते शब्द तमिल बन गया। द्रविड़ परिवार की पहली व प्राचीनतम भाषा तमिल है उसके बाद तेलुगु, मलयालम एवं कन्नड़ विकसित हुई।

जब आर्य भारत में आए तब अपने साथ भाषा लाए, वह थी वैदिक संस्कृत। वैदिक संस्कृत में वेद, उपनिषद, ब्राह्मण एवं आरण्यक आदि ग्रंथ रचे गए। एक काल में एक भाषा के दो रूप हुआ करते हैं, शिष्ट यानी साहित्यिक भाषा व जन(लोक) भाषा। वैदिक संस्कृत जब साहित्य की भाषा थी तब आम जनता संस्कृत बोलती थी। संस्कृत लोकभाषा थी, जन भाषा थी। यह काल था ईसा से 800 वर्ष पूर्व का। इसी समय आदि कवि वाल्मीकि व महर्षि वेद व्यास का जन्म हुआ। किंवदंती है कि महर्षि वाल्मीकि लुटेरे थे। लूटपाट करके एक दिन वापस आए। एक वृक्ष(शमी) के नीचे लेटे हुए थे। उस वृक्ष पर क्रोंच व क्रोंची पक्षियों का जोड़ा प्रेमालाप कर रहा था। पीछे से एक बहेलिया (निषाद) ने तीर चलाकर एक पक्षी क्रोंच का बध कर दिया और क्रोंच मरकर नीचे गिर गया। उसके वियोग में क्रोंची ने जो रुदन किया, क्रंदन किया। उसकी आँखों से अश्रुधारा अविरल प्रवाहित होती देख लुटेरे वाल्मीकि का हृदय प्लावित हुआ, उद्वेलित हुआ और उद्रेक स्वरूप वाल्मीकि के मुखारबिंदु से यह काव्य पंक्तियाँ प्रस्फुटित हो गई –

मा निषाद प्रतिष्ठाम् त्वमगमः शाश्वती :स्म
यत्क्रोंच मिथुनादेकम् काम मोहितम् वधी।

और बाद में, महर्षि वाल्मीकि ने लोक विख्यात राम सीता को विषय वस्तु बनाकर भारत का पहला महा काव्य रामायण रचा जो संभवतः संस्कृत का आदि काव्य है। महर्षि वेद व्यास ने भी संस्कृत को आधार बनाया और कृष्ण और राधा की जनश्रुत कहानी को श्रीमद्भागवत गीता महा काव्य में पिरोया। संस्कृत का ईसा से 800 वर्ष पूर्व का रहा है। इसी बीच पाणिनि का जन्म हुआ। पाणिनि ने संस्कृत का व्याकरण रचा। व्याकरण के कारण शब्दों का जो निर्माण हुआ उसमें जटिलता बढ़ती गई। पहले उपसर्ग बाद में प्रत्यय बीच में संधि सामासिकता, अब एक तो शब्द बहुत बड़े बड़े हो गए और क्लिष्ट भी। भाषा तो मुख सुख है, एक बहते हुए नीर की तरह है। अतः भाषा का स्वतः अपने आप विद्रोह हो गया और आम जनता संस्कृत से जन्मी लोकभाषा पालि को बोलने लगी। पालि कई जगह अब भी पल्ली के रूप में चलता है। पल्ली कहते हैं बड़े गाँव को या कस्बे को तो पालि गाँवों की भाषा थी। आज भी आंध्र प्रदेश में बड़े गाँवों-कस्बों के नाम पल्ली से जुड़े हैं जैसे रामपल्ली, लिंगमपल्ली आदि। कवि गुरु रवींद्रनाथ टैगोर जी ने भी पल्ली गीत (लोकगीत) लिखे थे। इसी काल में ईसा से लगभग 600 वर्ष पूर्व गौतम बुद्ध व महावीर स्वामी का जन्म हुआ। दोनों महापुरुष आधुनिक बिहार(तत्कालीन समय में नेपाल) में पैदा हुए। ज्यादातर महापुरुष बिहार में पैदा हुए। बिहार उस समय शिक्षा का बहुत बड़ा केंद्र था। तक्षशिला व नालंदा जैसे विश्वविख्यात विश्वविद्यालय थे।

आज भी सबसे ज्यादा आईएएस व आईपीएस बिहार से ही चुनकर आते हैं, तो गौतम बुद्ध ने अपने धर्म उपदेशों के लिए देशज भाषा पालि का प्रयोग किया। गौतम बुद्ध ने सारनाथ में अपना पहला उपदेश पालि में दिया बाद में बुद्ध के अनुयायी और बौद्ध भिक्षु पालि के माध्यम से बुद्ध धर्म को विदेशों में ले गए और आज विश्व की एक तिहाई जनता बुद्धिस्ट है। भारत में बौद्ध धर्म का पल्लवन नहीं हुआ क्योंकि वर्ण व्यवस्था के विरोध में जन्मा धर्म था। और भारत में वर्ण व्यवस्था की जड़ें बहुत गहरी हैं। आज भी लोगों को प्रेम विवाह-अंतरजातीय विवाह पसंद नहीं आ रहे हैं।

दिल्ली के आसपास के क्षेत्रों, खासकर हरियाणा में ऑनर किलिंग के नाम पर प्रेमी जोड़ों की हत्या हो रही है जो यह दर्शाता है कि भारतीय जन मानस उसी सड़ी गली वर्ण व्यवस्था से चिपका रहना चाहता है और आधुनिक भी कहलाना चाहता है।

महावीर स्वामी के बाद में बिहार से गुजरात, राजस्थान प्रवास पर आए और उन्होंने अपने जैन धर्म के प्रचार-प्रसार के लिए पहले प्राकृत और बाद में उनके शिष्यों ने अपभ्रंश को अपनाया। इसी बीच जैन कवि हेमचंद सूरि का जन्म हुआ और उन्होंने प्राकृत-अपभ्रंश का पहला व्याकरण **शब्दानुशासन** लिखा जो हिंदी व्याकरण की पूर्व पीठिका के रूप में आधार स्तंभ बना। इस तरह अपभ्रंश के बाद नौवीं शताब्दी में अपभ्रंशों से भारतीय भाषाओं (उत्तर भारत) का विकास हुआ तो हिंदी का विकास वैदिक संस्कृत पालि, प्राकृत अपभ्रंश होते हुए हुआ। इसी तरह लगभग 16-17 भाषाओं का विकास वैदिक संस्कृत से ही हुआ। कुछ उदाहरणों से यह बात स्पष्ट हो जाएगी–

वैदिक संस्कृत/संस्कृत	**पालि**	**प्राकृत(अपभ्रंश)**	**हिंदी**
अध्यापक	अज्झापक	अज्झापइ अज्झा	झा
स्वजन	सज्जन	सज्जण	सजन, साजन
बल्लभ	बल्लम	बल्लम	बलम/बालम
दुर्लभ	दूल्हण	दूल्हण	दूल्हा
गर्दभ	गद्दहअ	गदहा	गधा
शिक्षा	सिक्खा	सिक्ख	सीख
वाणिज्कारक	वाणिज्यकारअ	बणिजारा	बनजारा
वत्स	वच्छ	बच्छडा	बछड़ा (बच्चा)
पुष्कर	पुक्खर	पोक्खर	पोखर
अक्षि	अक्खि	आखि	आँख
अद्य	अज्ज	अज्ज	आज
आदित्यवार	आइत्तवार	इत्तवार	इतवार
कैवर्त	केवत्त	केवट्ट	केवट
कोट्टपाल	कोत्तपाल	कोत्तवाल	कोतवाल

कपर्द	कप्पडिआ	कवड्डिआ	कवड़ी, कौड़ी
दीपशलाका	दीपसल्लाई	दीपसल्लाई	दियासलाई

निम्नांकित अपभ्रंशों से आधुनिक भारतीय भाषाओं का विकास हुआ।

शौरसेनी	हिंदी, गुजराती
महाराष्ट्री	मराठी-कोंकणी
मागधी	बंगला, उड़िया, असमिया
अर्ध मागधी	बिहारी
टक्क	लहँदा, पंजाबी

हिंदी की बोलियाँ

बोली और भाषा में ज्यादा अंतर नहीं होता है। बोली का क्षेत्र छोटा होता है और संभवतया उसकी लिपि नहीं होती, व्याकरण नहीं होता जैसे ही लिपि-व्याकरण का निर्माण होता है वह भाषा का रूप ले लेती है। समय के हिसाब से कुछ भाषाएँ बोली रह जाती हैं और कुछ बोलियाँ भाषा बन जाती हैं। पाठक जानते होंगे कि ब्रजभाषा जो आज हिंदी की एक बोली मानी जाती है, एक हजार वर्ष तक काव्य की भाषा रही हिंदी साहित्य की साम्राज्ञी रही और आज मात्र व्रज प्रदेश(अलीगढ़, मथुरा, आगरा, हाथरस आदि) की बोली रह गई है। दूसरी तरफ मैथिली, संथाली एवं बोडो जो कल तक बोलियाँ थीं आज संविधान की आठवीं अनुसूची में दर्ज होकर भाषा का सम्मान पा चुकी हैं। राजस्थानी व भोजपुरी को भी आठवीं अनुसूची में जुड़वाने के लिए प्रयास चल रहे हैं। आज हिंदी की बोलियाँ निम्नांकित हैं-

पश्चिमी हिंदी	हरियाणवी, ब्रज, कौरवी(खड़ी-बाँगरू) कन्नौजी, बुंदेलखंडी
राजस्थानी	मालवी, मेवाती, मारवाड़ी, जयपुरी (ढूँढाणी) हड़ौती निमाडी
पूर्वी हिंदी	अवधी, बघेली, छत्तीसगढ़ी
बिहारी हिंदी	भोजपुरी, मगही
पहाड़ी	कुमायूँनी, गढ़वाली व पश्चिमी पहाड़ी
हरियाणी	पूरा हरियाणा प्रांत तथा पश्चिमी उत्तर प्रदेश का सहारनपुर जिले का कुछ भाग
ब्रजभाषा	मथुरा, वृंदावन - आगरा, अलीगढ़, हाथरस, भरतपुर, धौलपुर, एटा, इटावा, चंदौसी, कोसीकलाँ, पलवल(हरियाणा)

कौरवी	कुरु प्रदेश, सहारनपुर, मेरठ एवं मुजफ्फरनगर
कन्नौजी	कन्नौज, फर्रुखाबाद, घाटमपुर, उन्नाव, कानपुर
बुंदेलखंडी	चुर्क, मिर्जापुर, सतना, हमीरपुर, दतिया, ललितपुर, झाँसी, बाँदा
पांचाली	फर्रुखाबाद और इटावा के पूर्वी भाग से पांचाली शुरू होती है।

उधर हरदोई, शाहजहाँपुर से कुछ भाग ब्रज भाषा से भी मिलता है। पांचाली को कन्नौजी भी कहते हैं जिसका मूल केंद्र फर्रुखाबाद व कन्नौज शहर है। रामचरित मानस की भाषा मेरे विचार से कन्नौजी (पांचाली) ही है।

मेवाती	नूह हथीन, अलवर
जयपुरी	जयपुर के आस पास का क्षेत्र अजमेर, सिरोही
मारवाड़ी	जैसलमेर, चित्तौड़गढ़, उदयपुर, जोधपुर, पाली, बीकानेर, डूँगरपुर, नागौर, जालौर
मालवी	रतलाम, देवास, उज्जैन, इंदौर, हरदा, होशंगाबाद, भोपाल, नागदा, नीमच, मंदसौर
निमाड़ी	निमाड़ी क्षेत्र का केंद्र जबलपुर है। यह आसपास के क्षेत्रों में बोली जाती है।
छत्तीसगढ़ी	रामपुर, बिलासपुर, चुर्क, दुर्ग, भिलाई आदि क्षेत्र
बघेली	रीवा, चुर्क, मिर्जापुर, छतरपुर, खजुराहो आदि
अवधी	अवधी का मूल केंद्र लखनऊ है। बनारस, हरदोई, सीतापुर, अमेठी, सुल्तानपुर
भोजपुरी	भोजपुर जिले के आसपास का क्षेत्र छपरा, बलिया, पटना
मगही	मगध क्षेत्र गया के आसपास का क्षेत्र
पहाड़ी	कुमायूँनी, गढ़वाली व पश्चिमी पहाड़ी
कुमायूँनी	हल्द्वानी, नैनीताल, पिथौरागढ़ व अल्मोड़ा की बोली
गढ़वाली	टिहरी, पौढ़ी, चमोली, बद्रीनाथ, केदारनाथ, रुद्र प्रयाग, देहरादून
पश्चिमी पहाड़ी	हिमाचल प्रदेश, शिमला, कुल्लू मनाली

संविधान की अनुसूची में दर्ज भाषाएँ

वर्तमान में निम्नांकित 22 भाषाएँ संविधान की आठवीं अनुसूची में दर्ज हैं। आठवीं अनुसूची में सम्मिलित किए जाने का अर्थ है कि भारतीय प्रशासनिक व पुलिस सेवाओं की परीक्षाओं में कोई भी प्रतिभागी इन भाषाओं में से किसी भी भाषा में अपना उत्तर लिख सकता है। संसद में कोई भी सांसद इन भाषाओं में प्रश्न पूछ सकता है। कोई भी नया सांसद इन भाषाओं में से किसी भी भाषा में शपथ ग्रहण कर सकता है।

संस्कृत, हिंदी, उर्दू, सिंधी, गुजराती, मराठी, बंगला, असमिया, उड़िया, मणिपुरी, कोंकणी, नेपाली, पंजाबी, तमिल, तेलुगु, मलयालम, कन्नड़, डोगरी, बोडो, मैथिली, कश्मीरी, संथाली।

राजस्थानी व भोजपुरी को भी लोग इस सूची में जोड़ने की माँग कर रहे हैं।

हिंदी साहित्य-सार

हिंदी साहित्य का इतिहास लगभग 1000 ईसवी से शुरू हो जाता है। हिंदी साहित्य का अर्थ प्राचीन में काव्य से ही था। हिंदी की अन्य विधाओं—कहानी, उपन्यास, नाटक, रिपोर्ताज आदि का जन्म तो बाद में हुआ और शुरू शुरू में काव्य की भाषा यानी हिंदी काव्य की भाषा व्रजभाषा ही रही। 700-800 वर्ष तक व्रजभाषा साम्राज्ञी के पद पर रही। बिना व्रजभाषा के काव्य की कल्पना ही नहीं की जा सकती और आज भी देखा जाए तो आज की कविता पर भी व्रज का भारी प्रभाव है। संगीत की भाषा आज भी व्रज है। शास्त्रीय संगीत की राग रागनियाँ बिना व्रज भाषा के हो ही नहीं सकती हैं।

हिंदी साहित्य पर प्रारंभ में प्राकृत और अपभ्रंश का प्रभाव था। सरहपा हिंदी के पहले कवि माने जा सकते हैं। सरहपा से होती हुई हिंदी आदिकाल में प्रवेश करती है। आचार्य रामचंद्र शुक्ल के मतानुसार हिंदी साहित्य के निम्न खंड हो सकते हैं। यूँ कुछ घटा बढ़ाकर हिंदी साहित्य के ज्यादातर इतिहासकार आचार्य रामचंद्र शुक्ल के वर्गीकरण को ही आधार मानकर चलते हैं।

आदिकाल

आदिकाल में कुछ रचनाएँ सरहपाओं की भी मिलती हैं। इसके बाद अपभ्रंश में जो दूहा सोरठा, छप्पय व वीर छंद की जो परंपरा थी वह सीधे सीधे रासो काव्य में परिवर्तित हो जाती है। यह काल रासो यानी रार, रार यानी तकरार यानीकि राजाओं का छोटी छोटी बातों पर लड़ बैठना था और ज्यादातर युद्ध महिलाओं को लेकर हुए। इस काल में चंदवरदाई, जगनिक आदि कवि हुए। इसी समय पृथ्वीराज रासो, परमल रासो और हमीर रासो रचे गए। यह काल 100 ईसवी से शुरू होकर 1350 ईसवी तक रहा।

भक्ति काल

भक्ति काल चौदह वीं ईसवी से शुरू होता है। रासो काल की युद्ध विभीषिकाओं के बाद मनुष्य का मन भक्ति की ओर मुड़ने लगा। भक्ति काल में दो मुख्य धाराएँ

जन्मी, निर्गुण और सगुण। निर्गुण में भी दो धाराएँ हुईं, ज्ञयाश्रयी और प्रेमाश्रयी। उधर सगुण में भी दो धाराएँ हुईं, रामाश्रयी और कृष्णाश्रयी। निर्गुण धारा के ज्ञयाश्रयी शाखा के मुख्य कवि और कहना चाहिए प्रवर्तक कवि कबीर हैं। कबीर पर नाथपंथियों के हठयोग का प्रभाव है। निर्गुण धारा के कवियों के अनुसार ईश्वर निराकार है और सब जगह व्याप्त है।

मुझको कहाँ ढूँढ़ता बंदे मैं तो तेरे पास में
ना मैं भेड़ी ना मैं बकरी ना मैं छुरी गँड़ास में
कहत कबीर सुन भाई साधो,
हर साँसों की साँस में

तथा

जाके मुख माथा नहीं, ना ही रूप कुरूप।
पुहुप बासते पातरा ऐसा तत्त अनूप।।

निर्गुण प्रेमाश्रयी

निर्गुण के प्रेमाश्रयी शाखा के मुख्य कवि हैं, मलिक मुहम्मद जायसी। उनका महा काव्य पद्मावत हिंदी साहित्य का विशुद्ध अवधी में लिखा गया अमर महा काव्य है। प्रेमाश्रयी शाखा वाले भी ईश्वर को निर्गुण मानते हैं लेकिन वे ईश्वर के प्रेमवादी स्वरूप को महत्ता देते हैं।

लकड़ी जरि कोयला भई, कोयला हुइ गई राख
मैं बैरिन ऐसी जरी, कोयला भई न राख

सगुण धारा

निर्गुण धारा के रामाश्रयी शाखा में अमर कवि हैं- गोस्वामी तुलसी दास। वे कहते हैं–

"तुलसी मस्तक जब नबै, धनुष वाण लेउ हाथ"

यानी जब उन्होंने मथुरा के मंदिर में कृष्ण को बाँसुरी बजाते हुए देखा तो उपर्युक्त पंक्तियाँ अनायास मुख से फूट पड़ीं। उनका लिखा 'रामचरित मानस' संसार का सर्वाधिक लोकप्रिय महाकाव्य है।

सगुण कृष्णाश्रयी शाखा

कृष्णाश्रयी शाखा के कवि ईश्वर को कृष्ण के रूप में मानते हैं। सूरदास इस धारा के प्रतिनिधि कवि हैं। सूरसागर उनकी अमर कृति है। वे कृष्ण को सखा मानते हैं वे कहते हैं–

''खेलत मैं को काको गुसैंया
हरि हारे जीते श्रीदामा, बरबस में ही करत रिसैंया''

मीराबाई भी इस धारा की प्रमुख कवयित्री हैं। अष्टछाप के लगभग सभी कवि इस धारा के ही कवि हैं। मीरा कहती हैं–

''मेरे तो गिरधर गोपाल, दूसरो न कोई
जाके सिर मोर मुकुट मेरो पति सोई''

रीतिकाल

भक्ति काल के बाद रीतिकाल आता है। यह काल वह काल है जब राजा लोग भोग विलासिता की ओर ज्यादा उन्मुख थे। राजकाज, प्रशासन -अनुशासन से उनका कोई लेना देना नहीं था। इन राजाओं के दरबार में ही दरबारी कवि पैदा हुए और दरबारी कविता यानी शृंगार की कविता यानी नखशिख वर्णन की कविता होने लगी। यानी राजा को खुश करने के लिए कविताएँ सायाश लिखी जाने लगीं। राजा खुश होकर अशरफी, हाथी, घोड़े, गाँव दान में दे देते थे। शृंगार का एक उदाहरण दृष्टव्य–

"दिन दिन दूनी देखिए भीर साँझ अरु भोर।
प्यारी तेरौ वदन लखि दौरत मोर चकोर"।।

बिहारी, मतिराम, घनानंद, बोघा, आलम रीति काल के प्रमुख कवि हैं।

आधुनिक काल

1800 ईसवी के लगभग से आधुनिक काल शुरू हो जाता है। इस काल में साहित्य की इतर विधाएँ नाटक, कहानी व उपन्यास का भी प्राकट्य शुरू हो जाता है। उधर ब्रजभाषा जो काव्य की भाषा थी अब धीरे धीरे खड़ी बोली का भी कविताओं में प्रवेश होने लगता है। आधुनिक काल भारतेंदु हरिश्चंद्र से शुरू होता है। भारतेंदु का जन्म 1850 में हुआ और निधन 1885 में मात्र 35 वर्ष की उम्र में भारतेंदु हरिश्चंद्र हिंदी साहित्य के संपूर्ण साहित्यकार बन गए। नाटक के तो वे अगुआ माने जाते हैं हालाँकि उनके पिताजी उनसे पहले नाटक रच चुके थे। आधुनिक हिंदी पत्रकारिता को जन्म उन्होंने दिया। इसी काल में एक राष्ट्रीय धारा आई जिसके प्रमुख कवि माखन लाल चतुर्वेदी, राम नरेश त्रिपाठी, नाथू राम शंकर शर्मा (मैथिली शरण गुप्त को भी इस श्रेणी में गिन सकते हैं)

''चाह नहीं मैं सुरबाला के गहनों में गूँथा जाऊँ
चाह नहीं प्रेमी माला में बिंध प्यारी को ललचाऊँ"

मुझे तोड़ लेना बनमाली, उस पथ पर देना तुम फेंक
मातृभूमि पर सीस चढ़ाने जिस पथ जावें वीर अनेक''

छायावाद

जब द्विवेदी युग में कविता इतिवृतात्मक हो गई, स्थूल हो गई। इसी इतिवृतात्मकता के विरोध में छायावाद का जन्म हुआ। इतिवृतात्मक कहते हैं सपाट बयानी को यानी अभिधागत काव्य को जैसे–

''गूँजते थे रानी के कान
तीर-सी लगती थी वो तान
भरत-से सुत पर भी संदेह
बुलाया तक न उसे जो गेह'' (साकेत)

यानी केवल तुकबंदी है इस कविता में, प्रास मिलाना है और कुछ नहीं। इसी स्थूलता के विद्रोह से छायावाद का जन्म हुआ। छायावाद कुछ नहीं पारे की-सी तरलता है यानी बात को अभिधा में न कहकर लक्षणा के माध्यम से कहा जाए–

"अरी कौन हो दमयंती-सी
तुम तरु के नीचे सोई
हाय तुम्हें भी त्याग गया क्या
अलि नल़-सा निष्ठुर कोई"

छायावाद की मुख्य विशेषताएँ हैं स्वानुभूति, कोमल कांत पदावली, रागात्मकता, मानवीकरण आदि।

जयशंकर प्रसाद, महादेवी वर्मा और सूर्यकांत त्रिपाठी निराला छायावाद के महत्त्वपूर्ण कवि रहे हैं।

प्रयोगवाद

छायावाद के बाद प्रयोगवाद का जन्म हुआ। प्रयोगवादी कवि कल्पना को छोड़कर यथार्थवाद की ओर उन्मुख हुए। तार सप्तक के सभी कवि प्रयोगवादी हैं–

''लपक चाटते जूठे पत्ते
देखा जिस दिन मैंने नर को
सोचा उस दिन क्यों न टेंटुआ
घोटूँ उस जगपति नरपति को''

प्रगतिवाद

बाबा नागार्जुन प्रगतिवाद के सर्वाधिक चर्चित कवि हैं। वे कहते हैं–

"कागज की आजादी मिलती
ले लो दो दो आने में
तथा
राम राज्य में अबके रावन नंगा होकर नाचा है
सूरत शकल वही है रैया, बदला केवल ढाँचा है"
नेताओं की नीयत बदली, फिर तो अपने ही हाथों
भारत माता के गालों पर कसकर पड़ा तमाचा है।

नागार्जुन, त्रिलोचन, केदारनाथ अग्रवाल इस वाद के प्रमुख कवि हैं।

नई कविता

कविता की एक नई धारा भी बही जो परंपरा भंजन रूढ़ियों के प्रति विद्रोह को रूपायित करती है। वैयक्तिक दृष्टिकोण इसमें ज्यादा है। कविता में पैनापन और व्यंग्य है। कैलाश वाजपेयी, कुमार, भारत भूषण अग्रवाल, रामदरश मिश्र आदि इसके प्रमुख कवि हैं। ये कविता सारे बंधनों को तोड़ती हुई आगे बढ़ती है -

रात मैंने स्वप्न देखा है/मैंने देखा/कि मेनका अस्पताल में नर्स हो गई है/और विश्वामित्र ट्यूशन कर रहे हैं/उर्वशी ने डांस स्कूल खोल दिया है/नारद गिटार सीख रहे हैं/गणेश टॉफी खा रहे हैं।

–भारतभूषण अग्रवाल

आधुनिक काल

आज का युग कविता के करवट लेने का युग है। आज महिला विमर्श और दलित विमर्श ने भी अपनी जोरदार उपस्थिति की है। दलित कविता ने तो कविता के सारे आडंबर उतार फेंके हैं। उसे अब सौंदर्य शास्त्र की बिल्कुल चिंता नहीं है।

"इनके शयन कक्षों में बिखरे हैं
मेरी बहनों और बेटियों की
रौंदी गई अस्मिता के निशान"

–श्यौराज सिंह बेचैन

हिंदी भाषा का विकास

डॉ. पीतांबर दत्त वड़थ्वाल के अनुसार संभवतया हिंदी सातवीं शताब्दी से पहले भी बोली जाती रही है। कुछ विद्वान् पुष्य नामक साहित्यकार को हिंदी का आदि कवि मानते हैं। लेकिन मूलतः वे अपभ्रंश के कवि थे। आचार्य रामचंद्र शुक्ल के मतानुसार गुजरात व राजस्थान के जैन कवियों तथा मगध देश के बोद्धों की एक शाखा वज्रयानों की अपभ्रंशी रचनाओं में हिंदी की बोलियों का प्रभाव परिलक्षित होता है। सन् 990 में सरहपाद की रचनाओं में तो हिंदी की पूरी पूरी छाप मिलने लगी थी।

सर्वमान्य मतों के अनुसार हिंदी का विकास 1000 ईसवी से शुरू माना जाता है। आज 2011 है। इन लगभग 1010 वर्षों के हिंदी भाषा के इतिहास को हम निम्नांकित कालों में विभाजित कर सकते हैं–

- आदिकाल (1000 से 1500 तक)
- मध्यकाल (1500 से 1800 तक)
- आधुनिक काल (1800 से 1947 तक)
- राजभाषा काल (1947 से ...... आज तक)

आदिकाल

इस काल में हिंदी का स्पष्ट रूप उभरकर नहीं आया था। इस पर बोलियों का खास प्रभाव था, व्रजभाषा, अवधी, मगही का खास प्रभाव था उधर राजस्थान में डिंगल का काफी प्रभाव था। रासो परंपरा की जितनी भर कृतियां हैं उनपर राजस्थानी बोलियों का प्रभाव है।

स्वर, व्यंजन की दृष्टि से इस काल की हिंदी के वे ही स्वर और व्यंजन रहे जो अपभ्रंश में थे। इस काल में दो संयुक्त स्वर ऐ और औ का विकास हुआ। व्यंजनों में ड़ और ढ़ का विकास हुआ।

अपभ्रंश कालीन न्ह, म्ह और ल्ह इस काल में न म व ल के महाप्राण हो गए। इस युग की शब्दावली में तत्सम शब्दों को लिया जाने लगा। इस काल में चंद वरदाई, विद्यापति, अमीर खुसरो, कबीर आदि महत्त्वपूर्ण रचनाकार हुए।

मध्यकाल

इस काल को भाषा की दृष्टि से सर्वोत्तम काल कहा जा सकता है। इस समय में अरबी, फारसी के क़, ख़, ग़, ज़, और फ व्यंजन हिंदी ध्वनियों में सम्मिलित हो गए। क्योंकि सत्ता तुर्कों से निकलकर मुगलों के हाथ में आ गई थी।

इस काल में गद्य की अपेक्षा पद्य पर ज्यादा ध्यान रहा और पद्य में व्रज व अवधी का खास प्रभाव रहा। सूरदास ने सवालाख पद व्रजभाषा के माध्यम से सूरसागर में लिखे तो गोस्वामी तुलसीदास ने रामचरितमानस में कन्नौजी व अवधी मिश्रित बोलियों में लिखा। मलिक मुहम्मद जायसी का पद्मावत ठेठ अवधी का महाकाव्य है। रामचरितमानस की भाषा ठेठ अवधी नहीं है क्योंकि तुलसीदास जी का क्षेत्र ठेठ अवधी रहा ही नहीं वे सरयू, कन्नौज, राजापुर, बाँदा, शूकर क्षेत्र फर्रुखाबाद आदि के पास रहे और वहीं की बोली है—कन्नौजी। ज्यादातर विद्वान् रामचरितमानस की भाषा को अवधी कहते हैं लेकिन, परसर्गो, ध्वनियों व लहजे के हिसाब से रामचरित मानस की भाषा ठेठ कन्नौजी साबित होती है।

सूरदास, नंददास, मलिक मुहम्मद जायसी, केशव, बिहारी, देव भूषण, घनानंद आदि इस काल के महत्त्वपूर्ण कवि हैं। नानक, रैदास, दादू, धन्ना, पीपा आदि निर्गुणिया कवियों की रचना भी इसी काल में आती है।

आधुनिक काल

आधुनिक काल 1800 से शुरू होता है जब गद्य का विकास होता है धीरे धीरे बोलियों से अपर उठकर हिंदी भाषा खड़ी बोली की ओर अग्रसर होती है।

खड़ी बोली और पड़ी बोली

व्रजभाषा लालित्य की भाषा है इसलिए उसे पिंगल की बोली तथा पड़ी बोली कहा गया। खड़ी बोली जो कि मेरठ, हस्तिनापुर, बाँगरू क्षेत्र की बोली थी जिसे कौरवी भी कहा गया तथा बोलने में खर खरी थी इसलिए इसे खड़ी बोली कहा गया, अब भारत में अंग्रेजी शासन आ चुका था। मुगलों के प्रभाव के अरबी, फारसी के शब्दों की जगह संस्कृत व खड़ी बोली के शब्द आने लगे।

अंग्रेजों ने फोर्ट विलियम कॉलिज की स्थापना की। कॉलिज के अध्यक्ष डॉ. गिल क्राइस्ट ने 1803 में लल्लू लाल व सदल मिश्र की नियुक्ति की। इन्होंने प्रेम सागर तथा नासिकेतोपाख्यान रचनाएँ लिखीं।

1850 में भारतेंदु जी का जन्म होता है और यहाँ से गद्य का विकास शुरू होता है। और अब कविता की भाषा भी व्रज छोडकर खड़ी बोली की ओर अग्रसर होती है। महावीर प्रसाद द्विवेदी ने सरस्वती के माध्यम से भाषा के परिष्कार के क्षेत्र में अप्रतिम काम किया। इस काल के मुख्य कवि हैं, साहित्यकार हैं—भारतेंदु हरिश्चंद्र, श्रीधर पाठक, मैथिलीशरण गुप्त, जयशंकर प्रसाद, सुमित्रानंदन पंत, सूर्यकांत त्रिपाठी 'निराला', महादेवी वर्मा, प्रेमचंद आदि।

राजभाषा काल

15 अगस्त 1947 को देश स्वतंत्र हुआ। एक राष्ट्रप्रतीक राष्ट्र ध्वज, राष्ट्रगान, के समानांतर, हिंदी को भारत संघ की राजभाषा के रूप में 14 सितंबर 1949 के दिन चुना गया।

हिंदी भारत संघ की राजभाषा होगी जिसकी लिपि देवनागरी होगी। अंकों के मामले में भारतीय अंकों १, २, ३, ४, ५, ६, ७, ८, ९ के अंतरराष्ट्रीय स्वरूप वाले अंकों 1, 2, 3, 4, 5, 6, 7, 8, 9 को मान्यता दी गई और 0 शून्य तो संसार को भारतीय गणितज्ञ भास्कराचार्य की देन है ही। राजभाषा का स्वरूप कोई साहित्यिक नहीं होगा काम चलाऊ भाषा होगी। राजभाषा, भारतीय, सामाजिक, संस्कृति को ध्यान में रखते हुए इसकी शब्दावली का निर्माण मूलतः संस्कृत की धातुओं में उपसर्ग व प्रत्यय लगाकर किया जा सकेगा।

गौणतः प्रचलित भारतीय भाषाओं के शब्दों को भी लिया जा सकेगा।

वड़ोदरा में **धमाल** हो गया,

मुंबई में **लफड़ा**, बीजेपी ने किया।

हाथरस में बसपाइयों से **पंगा**।

पुलिस के वर्ताव के कारण लोगों को **खुंदक** आ गई।

धमाल, लफडा, दंगा व खुंदक देशज शब्द हैं। लेकिन राजभाषा में इनका प्रयोग किया जा सकता है। एक, दो या तीन भाषाओं के घटकों को मिलाकर शब्द बनाए जा सकते हैं।

जैसे–रेलगाड़ी रेल (अंग्रेजी) गाड़ी (हिंदी)

उपजिला मजिस्ट्रेट–उप (संस्कृत) , जिला (उर्दू) , मजिस्ट्रेट (अंग्रेजी)

वैज्ञानिक व तकनीकी शब्दों को ज्यों का त्यों देवनागरी में लिखना होगा–

अल्फा, बीटा, गामा, मीटर, किलोमीटर, इंजन, टिकट, प्लेटफार्म, आदि।

हिंदीकरण किया जा सकेगा।

हॉस्पीटल से हस्पताल	हस्पताल से अस्पताल
कोमेडी से कामदी,	ट्रेजेडी से त्रासदी
लेंटर्न से लालटेन,	कैप्टन से कप्तान
ओडरली से अर्दली	

वर्तनी का मानकीकरण

झ की जगह झ, रव की जगह ख का प्रयोग किया जाएगा।

नासिक्य व्यंजनों की जगह अनुस्वार से काम चलाया जाएगा। जैसे

गङ्गा, सञ्जय, पण्डा, पन्त, कुम्भ,

इनको गंगा, संजय, पंडा, पंत और कुंभ के रूप में लिखा जा सकेगा।

हिंदी की ध्वनियाँ

हिंदी की ध्वनियों को दो वर्गों-स्वर और व्यंजन में बाँट सकते हैं। हिंदी स्वर विधान वैदिक संस्कृत और संस्कृत से आया है। हिंदी में इस समय निम्नांकित स्वर हैं–

अ आ इ ई उ ऊ ए ऐ ओ औ ऋ स्वर हैं, जो केवल संस्कृत से हिंदी में आए शब्दों में प्रयुक्त होता है। पूरे रूप में कुछ गिने चुने शब्द ही हैं जिनमें इसका प्रयोग बीच में होता है जैसे उऋण और नैऋत्य। अन्यथा यह शब्द के आदि यानीकि प्रारंभ में पूरे रूप में आता है। यथा ऋषि, ऋतंबरा आदि अन्यथा इसकी ृ मात्रा कहीं भी आ सकती है कृपा, दृश्य, सदृश्य, प्रवृत्ति। वैदिक संस्कृत में लृ का प्रयोग होता था लेकिन बहुत ही कम केवल क्लृप धातु में इसका प्रयोग होता था।

स्वरों के भेद

मूल स्वर अ, आ, इ, ई, उ, ऊ, ए ऐ, ओ समान स्वर हैं जिनका उच्चारण एक स्थान से हो वे समान स्वर कहलाते हैं, जिनका उच्चारण दो स्वरों के संयोग से हो वे संयुक्त स्वर कहलाते हैं। ऐ और औ संयुक्त स्वर हैं।

ह्रस्व और दीर्घ

जिस स्वर के उच्चारण में कम समय लगे तथा जिसमें मात्रा के हिसाब से ए की मात्रा है, हिंदी में अ, इ, उ ऋ ह्रस्व स्वर हैं।

दीर्घ

जिन स्वरों के उच्चारण में समय अधिक लगे तथा मात्रा की दृष्टि से दो मात्राएँ गिनी जाती हों वे दीर्घ स्वर कहलाते हैं जैसे आ, ई, ऊ, ए, ऐ, ओ, औ

प्लुत

कुछ विद्वान् मात्रा की दृष्टि से प्लुत स्वर को भी मानते हैं जिसके उच्चारण में ज्यादा समय लगे उसे प्लुत स्वर कहते हैं ओ३म, रा३म, अशो३क आदि।

अं

यह अ का अनुस्वार युक्त रूप है। ण, और न के विकल्प के रूप में '˙' प्रयोग होता है।

अः

संस्कृत के विसर्ग उनके आगे लगा दिए हैं जिसका उच्चारण ह जैसा होता है। इसीलिए शब्द छः को हिंदी में अब छह लिखा जाता है।

व्यंजन

हिंदी में वर्तमान में निम्नांकित व्यंजन हैं -

क	ख	ग	घ	ङ		
च	छ	ज	झ	ञ		
ट	ठ	ड	ढ	ण	ड़	ढ़
त	थ	द	ध	न		
प	फ	ब	भ	म		
य	र	ल	व			
श	ष	स	ह			

संयुक्त स्वर

क्ष त्र ज्ञ

क्ष = क् + ष् + अ

शब्दकोश में क ध्वनि में देखें।

त्र = त् + र् + अ

शब्द कोश में त के अंतर्गत देखें।

ज्ञ = ज् + ञ् + अ

इसे ज के अंतर्गत शब्दकोश में देखें। आपने ज्ञानपीठ पुरस्कार के बैनर पर लिखा देखा होगा Jnanpeeth Award

ड़ और ढ़ क्रमशः ड और ढ के ही उपरूप हैं। ये उत्क्षिप्त व्यंजन भी कहलाते हैं। यथा–

हंडिका	हँड़िया
हड्डी	हाड़
जाड्या	जाड़ा
बुड्ढा	बूढ़ा
ढाई	अढ़ाई

कोमल तालव्य

कोमल तालु या कंठ से जिनका उच्चारण हो वे तालव्य या कंठ्य कहलाते हैं–
क ख ग घ ङ (क वर्ग)

कठोर तालव्य

कोमल तालु से थोड़ा-सा आगे से उच्चारित होने वाले व्यंजन जोकि च वर्ग के अंतर्गत आते हैं वे कठोर तालव्य व्यंजन कहलाते हैं–
च छ ज झ य तथा श व्यंजन भी
य (इ) और व (उ) को अर्ध स्वर भी माना गया है।

मूर्धन्य

जो मूर्धा से उच्चारित हों वे मूर्धन्य व्यंजन कहलाते हैं। ट वर्ग वाले व्यंजन इसके अंतर्गत आते हैं। ट ठ ड ण र और ष भी।

दंत्य

जिन व्यंजनों का उच्चारण दंत की ऊपर की पंक्ति के नजदीक के आगे के भाग से वायु का अवरोध करके किया जाए वे दंत्य कहलाते हैं। त थ द ध व्यंजन दंत्य हैं। न और सभी इसी वर्ग के हैं पाणिनि के अनुसार।

ओष्ठ्य व्यंजन

जो व्यंजन ओठों को स्पर्श करते हुए उच्चारित हों वे ओष्ठ्य कहलाते हैं। प फ ब भ म म्ह और व व्यंजन इस वर्ग में आते हैं।

दंतोष्ठ्य

जो व्यंजन ध्वनियाँ ऊपरी दाँत और नीचे के होठ के पास से उच्चारित हों वे दंतोष्ठ्य कहलाते हैं। फ और कुछ विद्वान् व को भी इसी वर्ग में मान लेते हैं।

जिह्वामूलकीय व्यंजन

जिन व्यंजनों का उच्चारण जिह्वा के पास से हों वे जिह्वा मूलक कहलाते हैं। क ख़ ग कुछ विद्वान् ने केवल क को ही जिह्वामूलक कहा है।

स्वरयंत्र मुखी

ये व्यंजन स्वर यंत्र मुख से उच्चारित होते हैं। इसके अंतर्गत ह और विसर्ग आते हैं। पाणिनि ने इन्हें कंठ्य माना है।

अनुनासिक व्यंजन

ङ् ञ् ण् न् न्ह म, म्ह

पार्श्विक व्यंजन

जिस व्यंजन का उच्चारण जीभ के अगले हिस्से और दाँत के मूल से स्पर्श करता हुआ हो वे पार्श्विक कहलाते हैं। ल ध्वनि पार्श्विक है।

लुंठित : जिस ध्वनि का उच्चारण बेलन की तरह लपेटकर किया जाए। वह लुंठित ध्वनि होती है। र इसका एकमात्र उदाहरण है। इसे कंपन जात भी कहते हैं।

शब्द

एक या एक से अधिक ध्वनियों के संयोग से बने सार्थक समूह को शब्द कहते हैं। जैसे 'आ' केवल एक ध्वनि है (come) शब्द ही नहीं पूरा वाक्य है 'आ' यानी राम आ।

दो ध्वनि ख = ख् + अ

ख = आकाश

ग = ग् + अ यानी गमन करने वाले। आकाश में जो गमन करता है वह खग है - पक्षी है। हालाँकि पक्षी का अर्थ अलग है जिसके पंख हो वह पक्षी और आकाश में पंख वाला ही उड़ेगा।

अब यहाँ खग का अर्थ है लेकिन अगर हम इसे उल्टा करके लिखें यानीकि गख तो इसका कोई अर्थ नहीं है। हिंदी के लिए यह निरर्थक है। अतः शब्द नहीं है। हो सकता है कि किसी अन्य भाषा में इसका अर्थ हो सकता है क्योंकि भाषा तो ध्वनि प्रतीकों की यादृच्छिक **व्यवस्था** है एक भाषाई समाज के लोगों की।

शब्दों के प्रकार

स्रोत की दृष्टि से

तत्सम

यानी कि जैसा था वैसा ले लिया गया अर्थात् जो संस्कृत में था वही ज्यों का त्यों हिंदी ने ले लिया तो यह तत्सम हुआ। हिंदी शब्दों का मूल स्रोत संस्कृत ही है। तत्सम शब्द हैं कृष्ण, वत्स, दुर्लभ, सज्जन, शिक्षा, स्वामी आदि।

तद्भव

यानी वैसे हो गए हैं, थे नहीं। संस्कृत में जैसे थे वैसे नहीं। तद्भव शब्द तत्सम के अपभ्रंश होते हैं जैसे किशन (कृष्ण) बच्चा (वत्स) दूल्हा (दुर्लभ) सजन (सज्जन) बलम (वल्लभ) सीख (शिक्षा) आदि।

देशज

देशज शब्दों का आधार नितांत लोक होता है। यह माटी से जन्मे शब्द होते हैं। लोकसाहित्य और लोकगीतों में इनका ही प्रयोग सरस लगता है जैसे धाँसू, खुंदक, पंगा, खेस, रई आदि

गृहीत

जो अन्य भाषाओं से लिए जाते हैं। हिंदी ने भारतीय भाषाओं से बहुत सारे शब्द लिए हैं तो अंग्रेजी से भी बहुत शब्द लिए हैं। टिकट, प्लेटफार्म, स्टेशन, इंजन, मीटर, लीटर, आमलेट, ब्रेड, बटर अरबी फारसी के कमीज, पायजामा, शहर, देहात, सुरमा, बरामदा, जीना, सरकार, हाकिम, आदि।

संकर शब्द

शब्द निर्माण की प्रवृत्ति होती है कि एक ही भाषा के शब्दों के संयोग से या संधि से शब्द बनाए जाएँ। जैसे विद्यार्थी = विद्या + अर्थी, देवालय = देव + आलय, महर्षि =महा + ऋषि। दोनों शब्द संस्कृत के हैं लेकिन राजभाषा के हिसाब से एक, दो या तीन भाषाओं के शब्दों को मिलाकर शब्द बनाए जा सकते हैं जैसे रेल गाड़ी = रेल + गाड़ी, रेल पटरी, रेल (अंग्रेजी) गाड़ी (हिंदी) उप जिला मजिस्ट्रेट = उप उपसर्ग संस्कृत का, जिला उर्दू का मजिस्ट्रेट अंग्रेजी का।

हिंदीकरण/भाषाईकरण

कुछ शब्दों को प्रायः सभी भाषाएँ अपने प्रवृत्ति के अनुसार ढालकर शब्दों को बना लेती हैं जैसे एकेडमी का अकादमी, ट्रेजडी का त्रासदी, ऑर्डरली का अर्दली, रिक्रूटमेंट का रंगरूट, हॉस्पीटल का अस्पताल, कंप्यूटराइजेशन का कंप्यूटरीकरण आदि।

व्युत्पत्ति के हिसाब से

शब्द दो प्रकार के होते हैं। रूढ़ और यौगिक।

रूढ़ शब्द नितांत आधारिक हाते हैं, धातुगत होते हैं जैसे - घर, चमक आदि।

यौगिक शब्द उपसर्ग और प्रत्ययों के माध्यम से बनाए जाते हैं। उपसर्ग शब्द के पहले लगाए जाते हैं। जैसे शब्द है संहार इसमें उपसर्ग लगाएँ उपसंहार हो गया। सम् प्रत्यय लगाएँ संहार हो गया। शब्द है जय सम् लगाएँ तो संजय हो गया।

प्रत्यय शब्द बाद में जोड़े जाते हैं। शब्द है भूगोल, इतिहास, समाज, महान, दर्शन, पूजन आदि। भूगोल, इतिहास, समाज इनमें इक प्रत्यय जोड़ा जाए तो क्रमशः

भौगोलिक, ऐतिहासिक, सामाजिक बन गए। महान में ता प्रत्यय जोड़ा जाए तो महानता बन गया। दर्शन और पूजन में ईय प्रत्यय जोड़ा जाए तो क्रमशः दर्शनीय, और पूजनीय शब्द बन गए।

मुख सुख के कारण भी शब्द बदलते रहते हैं। अध्यापक से झा, उपाध्याय से ओझा, बंदोपाध्याय से बनर्जी, चट्टोपाध्याय से मुखर्जी, बल्लभ से बलम, स्वामी से सैंया आदि शब्द बने।

पर्यायवाची शब्द

पर्यायवाची शब्द वे होते हैं जो वाक्य में प्रयुक्त किसी व्याख्यापेक्ष्य शब्द की व्याख्या समझाने के लिए विकल्प के रूप में प्रयुक्त होते हैं। सही बात तो यह है कि जितने भी पर्यायवाची शब्द हैं वे मात्र समानार्थी हैं। सौ फ़ीसदी पर्याय कोई भी शब्द किसी शब्द का पर्याय नहीं है। केवल काम चलाऊ हैं। हर शब्द का अर्थ अलग होता है यथा

वायु शब्द के पर्यायवाची शब्द हैं - समीर, पवन, अनिल, हवा, मारुति, वात, लू आदि

अब देखिए वायु का अर्थ प्राण वायु के संदर्भ में ऑक्सीजन है। वायु एक जीव वैज्ञानिक टर्म है। समीर कहते हैं जो ग्रीष्म ऋतु में प्रातः 5 बजे से 8 बजे के बीच बहती है। इसमें नीर का आभास होता है। पवन का अर्थ उस हवा से है जो सन सन यानी आवाज करती हुई चलती है। अनिल पहाड़ों से बहने वाली हवा को कहते हैं। हवा पर्यावरण में उपस्थित तत्त्व को कहते हैं। मारुति उस तेज आँधी को कहते हैं जो पेड़े पौधों को भी उखाड़कर अपने साथ ले जाए। वात शरीर के अंदर विकार उत्पन्न करने वाले तत्त्व को कहते हैं। लू जेठ मास में चलने वाली गर्म हवाओं को कहते हैं। कभी आपने किसी व्यक्ति को साइकिल के ट्यूब में पवन भरवाते नहीं सुना होगा, हवा भरवाते ही सुना होगा। तात्पर्य यह है कि काई शब्द किसी दूसरे शब्द का शत प्रतिशत पर्याय नहीं होता केवल अर्थ/आशय समझाने के लिए एक काम चलाऊ व्यवस्था होती है। ध्यान देने योग्य बात है कि पानी के पर्यायवाची शब्दों में ज प्रत्यय लगाने से कमल के पर्यायवाची बन जाते हैं। द लगाने से बादल के पर्यायवाची बन जाते हैं। ध लगाने से समुद्र के पर्यायवाची बन जाते हैं।

पानी के पर्यायवाची शब्द हैं वारि, नीर, तोय, अंबु, जल आदि। ज लगाइए तो कमल के पर्यावाची बन गए—वारिज, नीरज, तोयज, अंबुज, जलज आदि। द लगाइए तो बादल के बन गए—वारिद, नीरद, तोयद, अंबुद, जलद। ध लगाइए तो समुद्र के पर्यायवाची बन गए—वारिध, नीरध, तोयध, अंबुध, जलध आदि। नीचे कुछ पर्यायवाची शब्द जानकारी के लिए दिए जा रहे हैं—

अग्नि	पावक, अनल, हुताशन
अतिथि	अभ्यागत, पाहुना, आगन्तुक
अमृत	पीयूष, सुधा, अमिय, सोम
सुर	निशाचर, राक्षस, दानव, दनुज, तमीचर, दैत्य
अहंकार	घमंड, अभिमान, दर्द, दंभ
आकाश	व्योम, अंबर, नभ, गगन
आम	रसाल, सहकार, आम्र, अमृतफल
आँख	चक्षु, नेत्र, लोचन, दृग, अक्षि
इंद्र	पुरंदर, सुरेंद्र, देवेश, शुक्र
उपवन	बगीचा, वाटिका, उद्यान
कमल	अंबुज, जलज, सरोज, पुंडरीक, अरविंद, नीरज , राजीव
कामदेव	अनंग, मदन, मन्मथ, मनसिग, रतिपति, कंदप
किरण	मयूख, मरीचि, अंशुकर, रश्मि
गंगा	भागीरथी, मंदाकिनी, सुरसरि
गणेश	गजानन, भूषण वाहक, लंबोदर, एकदंत, भवानीनंदन, गिरिजानंदन
गृह	भवन, सदन, धाम, निकेतन, आगार, अमन, आलय, गेह, निलय
घोड़ा	तुरंग, वाजि, हय, अश्व, घोटक
चंद्र	राशि, सोम, विधु, निशाकर, हिमांशु, रजनीश, मृगांक, शशांक, मयंक, राकेश, इंद्र
जल	वारि, अंबु, तोय, नीर, सलिल
तालाब	सर, तड़ाग, जलाशय
पेड़	वृक्ष, विटप, तरु, दरख्त
बंदर	कपि, वानर, शाखामृग, मर्कट, हरि, कपीश
बिजली	चपला, सौदामिनी, दामिनी, धनदाम, तड़ित
वाण	शर, आशुग, शिलामुख, नाराच, तीर
भ्रमर	षटपद, अलि, भृंग, मधुक
महादेव	शिव, शंभु, महेश्वर, शंकर, गिरीश, नीलकंठ
राजा	भूप, नृप, महीप, नरेंद्र, नरेश, भूपाल
रात्रि	निशा, रजनी, विभावरी, यामिनी, रैन
लक्ष्मी	पद्मा, कमला, पदमासन, इंदिरा, चंचला
सर्प	अहि, पन्नग, भुजंग, उरग, व्याल

थन	स्तन, पयोधर, कुच, उरोज, वक्षोज
धनुष	चाप, सरासन , कमान, कोदंड
धरती	धरणी, पृथ्वी, भूमि, मही, अचला, अवनि, वसुधा, भू, मेदिनी
नदी	सरिता, तरंगिणी, तरिनी
पक्षी	पतंग, पखेरू, विहग, खग, शकुनि, अंडज, नभचर, परिंदा
पवन	अनिल, वायु, वात, समीर, मारुति
पहाड़	गिरि, अंचल, नंग, शैल, महीधर, भूधर
पार्वती	गौरी, गिरिजा, शिवानी, , दुर्गा, अपर्णा, अंबिका
पुत्र	सुत, तनय, आत्मज, नंदन, बेटा
पुष्प	कुसुम, सुमन, प्रसून, पुहुप
समुद्र	जलिध, उदधि, सागर, रत्नाकर, सिंधु
सिंह	शार्दूल, केशरी, केहरी, मृगेंद्र, मृगेश, मृगराज, वनराज
सूर्य	आदित्य, भास्कर, दिनकर, दिनेश, प्रभाकर, अर्क भानु, रवि, मित्र
हाथी	गज, करि, कुंजर, मातंग द्वीप, नागर

कुछ प्रायः अशुद्ध लिखे जाने वाले शब्द

अशुद्ध	शुद्ध
इन्डिया	इण्डिया, इंडिया
स्त्रोत	स्रोत
सहस्त्राब्दि	सहस्राब्दि
अश्वमेघ	अश्वमेध
धूम्रपान	धूमपान
सन्यासी	संन्यासी
उज्जवल	उज्ज्वल
प्रज्जवलन	प्रज्वलन
कार्रवाई	काररवाई
अनुग्रहीत	अनुगृहीत
सृजन	सर्जन
सुस्वागतम	स्वागतम
उपरोक्त	उपर्युक्त
चिन्ह	चिह्न
अनुशरण	अनुसरण
शिबिर	शिविर
बावत	बाबत
यानि	यानी
चित्राहार	चित्र हार
अत्याधिक	अत्यधिक
अतिथी	अतिथि
चाहिये	चाहिए
आतातायी	आततायी
एकत्रित	एकत्र
कवियत्री	कवयित्री

शैया	शय्या
पूज्यनीय	पूजनीय (पूज्य)
प्रगट	प्रकट
नगद	नकद
श्राप	शाप
शोग	शोक
बृज	ब्रज
रचियता	रचयिता
साहित्यक	साहित्यिक

शब्द शक्ति

शब्द एवं अर्थ के संबंध में विचार करने वाले तत्त्व को शब्द शक्ति कहा जाता है। शब्दार्थ संबंधः शब्द शक्ति शक्तिः शब्द की शक्ति असीम होती है। वह देश काल व्यक्ति परिस्थिति आदि के संसर्ग से अर्थ देती रहती है -

रहिमन पानी राखिए, बिन पानी सब सून
पानी गयौ न ऊबरो मोती मानुष चून

यहाँ पानी के तीन अर्थ हैं। मोती के अर्थ में चमक है, मनुष्य के संदर्भ में इज्जत है और चून के मामले में पानी है।

शब्द का आशय बताने वाली शक्ति ही शब्द शक्ति है।

आचार्य चिंतामणि जी के अनुसार जो "सुन पड़े सो शब्द है, समुझि परै सो अर्थ।"

शब्द के तीन प्रकार होते हैं–वाच्यार्थ, लक्ष्यार्थ और व्यंग्यार्थ। यूँ व्याकरण की दृष्टि से तत्सम, तद्भव, देशज व गृहीत भी शब्द के प्रकार होते हैं लेकिन शब्द शक्ति के मामले में वाच्यार्थ, लक्ष्यार्थ और व्यंग्यार्थ से ही है। इस तरह से मोटे तौर पर शब्द की निम्नलिखित तीन शक्तियाँ आचार्यों ने बताई हैं–अभिधा, लक्षणा और व्यंजना।

अभिधा

मूल प्रथम अर्थ यानी आम जनता को जो अभिप्रेत है वह अर्थ अभिधागत होता है। रहिमन पानी राखिए वाले दोहे में आम जनता को पानी का अर्थ पानी अभिप्रेत होता है। अतः चून के मामले में पानी का अर्थ पेय जल पानी ही है। अतः यह अभिधा शब्द शक्ति हो गई। दूसरा उदाहरण द्रष्टव्य है -

सोहत ओढ़े पीतु पट
स्याम सलौने गात
मनहुँ नीलमणि सैल पर
आतप पर्‌यो प्रभात

लक्षणा

शब्द का अर्थ परिवेश के साथ बदलता रहता है। जब मुख्यार्थ या वाच्यार्थ से

अर्थ स्पष्ट नहीं होता तब लक्ष्यार्थ का सहारा लिया जाता है–जैसे

'वह गधा है।'

एक व्यक्ति ने अपने तीन वर्ष के बच्चे को समाने में आते हुए पशु को समझाते हुए कहा, पप्पू देख वह गधा है। पप्पू चार पैरों वाले, ऊँचे कान वाले पशु को समझ गया कि गधा ऐसा होता है। विद्यालय में पढ़ाते हुए अध्यापक ने गुस्से में आकर छात्र को कह दिया–तू गधा है।

यहाँ गधे का अर्थ चार पैरों वाला पशु न होकर मूर्ख से है। इस उदाहरण में गधे का लक्ष्यार्थ मूर्ख है। दूसरा उदाहरण द्रष्टव्य है–

पगली हाँ सम्हाल ले
कैसे छूट पड़ा तेरा अंचल
देख बिखरती है मणिराजी
अरी उठा बेसुध चंचल

व्यंजना

जब शब्द का अर्थ व्यंजित हो यानी प्रथम, द्वितीय अर्थ न होकर कोई तीसरा ही अर्थ चमके तो वहाँ व्यंजना होती है।

रहिमन पानी राखिए, वाले दोहे में मोती के संदर्भ में पानी का अर्थ चमक है जोकि पानी का वाच्यार्थ, लक्ष्यार्थ न होकर अन्य ही अर्थ देता है। उदाहरण देखिए–

चिरिजीवौ जोरी जुरे, क्यों न सनेह गंभीर
को घटि वो वृष **भानुजा** वो हलधर के बीर

यहाँ वृष भानुजा तथा हलधर शब्द अनेकार्थक हैं। अतः इनसे दूसरा (लक्षणा) और तीसरा (व्यंजना) अर्थ भी ध्वनित होता है। वृष भानुजा = बैल की बहिन, हलधर = बैल तीसरे अर्थ में वृष राशि में उत्पन्न शेषनाग के अवतार।

उदाहरण और देखिए

मन का फेरत जग मुआ, गया न मन का फेर।
कर का मनका डारि के मनका मनका फेर।।

उदाहरण और देखिए

चरण धरत, चिंता करत, चितवत चारों ओर
सुवरण को खोजत फिरें कवि व्यभिचारी चोर

सुवर्ण = सोना (अभिधा) चोर के मामले में, सुंदरवर्ण (सुंदर) लक्षणा व्यभिचारी के संदर्भ में। सुवर्ण = अच्छे शब्द(व्यंजना) कवि के संदर्भ में।

संधियाँ

पंडित कामता प्रसाद गुरु के अनुसार 'दो निर्दिष्ट अक्षरों के निकटस्थ आने के कारण उनके संयोग से जो विकार होता है उसे संधि कहते हैं।' पंडित किशोरीदास वाजपेयी की परिभाषानुसार जब दो अधिक वर्ण पास पास आते हैं तो कभी कभी उनका रूपांतरण हो जाता है। इसी रूपांतरण को संधि कहते हैं। हिंदी में संधि विवेचन संस्कृत से आया है। हिंदी में अधिकांशतः देशज शब्दों में ही संधियाँ बनती हैं। बहुत ही कम संधजि संधियाँ मिलती हैं यथा - नाक + कटा = नकटा, कान + कटा = कनकटा आदि। संस्कृत में तीन संधियाँ मानी गई हैं -

1. स्वर संधि
2. व्यंजन संधि
3. विसर्ग संधि

स्वर संधि : जब दो स्वर एक दूसरे के निकट आते हैं तो उनके उच्चारण में अंतर आ जाता है और रूप में परिवर्तन हिंदी में प्रचलित निम्नांकित स्वर संधियाँ हैं -

दीर्घ संधि

अ, आ, के बाद अ, आ, इ ई के बाद इ ई, उ ऊ के बाद उ ऊ आएँ तो दोनों मिलकर दीर्घ स्वर हो जाते हैं -

देह + अंत	=	देहांत
विद्या + अर्थी	=	विद्यार्थी
हिम + आलय	=	हिमालय
रवि + इंद्र	=	रवींद्र
कपि + ईश	=	कपीश
रजनी + ईश	=	रजनीश
सु + उक्ति	=	सूक्ति
भानु + उदय	=	भानूदय

गुण संधि

संस्कृत में अ, ए, ओ को गुण कहते हैं। अ, आ के बाद, इ ई हो तो दोनों मिलकर ए, अ आ के बाद उ ऊ तो ओ तथा अ, आ के बाद ऋ हो तो दोनों मिलकर अर हो जाते हैं–

गण + ईश	=	गणेश
भारत + इंदु	=	भारतेंदु
महा + ईश	=	महेश
पर + उपकार	=	परोपकार
सूर्य + उदय	=	सूर्योदय
उत्तर + उत्तर	=	उत्तरोत्तर
अछूत + उद्धार	=	अछूतोद्धार
ब्रह्म + ऋषि	=	ब्रह्मर्षि
राज + ऋषि	=	राजर्षि
महा + ऋषि	=	महर्षि

वृद्धि संधि

अ आ के बाद ए ऐ आए तो ऐ, अ आ के बाद ओ औ तो औ संस्कृत में ऐ औ को वृद्धि कहा जाता है क्योंकि ये मूल स्वर नहीं हैं -

मत + ऐक्य	=	मतैक्य
तथा + एव	=	तथैव
लोक + एषणा	=	लोकैषणा
यथा + एव	=	यथैव
दंत + ओष्ठ	=	दंतौष्ठ
वन + औषध	=	वनौषध

यण संधि (इकोयणचि)

इ ई के बाद इन्हें छोड़कर कोई अन्य स्वर आए तो इ ई के स्थान पर य, उ ऊ के स्थान पर व, ऋ के स्थान पर र हो जाता है

यदि + अप	=	यद्यपि
प्रति + उत्तर	=	प्रत्युत्तर
प्रति + एक	=	प्रत्येक
स्त्री + उपयोगी	=	स्त्र्युपयोगी
सु + आगतम	=	स्वागतम
सु + अल्प	=	स्वल्प

वधु + आगमन	=	वध्वागमन
अनु + एषण	=	अन्वेषण
पितृ + आज्ञा	=	पित्राज्ञा

अयादि संधि

ए ए ओ औ के बाद कोई भी स्वर हो तो अयादि संधि

ए का अय, ऐ का आय ओ का अव, औ का आव हो जाता है

ने + अन	=	नयन
गै + अक	=	गायक
पो + अन	=	पवन
पौ + अक	=	पावक

व्यंजन संधि

त् के बाद च छ हो तो च् हो जाता है

शरत् + चंद्र	=	शरच्चंद्र
सत् + चरित्र	=	सच्चरित्र
सत् + चित + आनंद	=	सच्चिदानंद
उत् + चारण	=	उच्चारण

त के बाद ज या झ हो तो त के स्थान पर ज् हो जाता है

सत् + जन	=	सज्जन
उत् + ज्वल	=	उज्ज्वल

त के बाद ड या ठ हो तो त् के स्थान पर ड् तथा ट ठ हो तो ल हो जाता है

उत् + डयन	=	उड्डयन
उत् + लास	=	उल्लास
उत् + लेख	=	उल्लेख
तत् + लीन	=	तल्लीन
त के बाद श	=	च्
श के स्थान पर	=	छ

यदि त् के बाद ह हो तो त् का द् और ह का छ हो जाता है

सत् + शास्त्र	=	सच्छास्त्र
उत् + श्वास	=	उच्छ्वास
उत् + हार	=	उद्धार

क् च् ट् त् द के बाद यदि घोष ध्वनि(कोई स्वर, वर्ग का तीसरा चौथा व्यंजन अथवा य र ल व ह में से कोई हो तो क का ग च का ग् ट का ड् त् का द् द् का ब हो जाते हैं।

दिक + अंबर = दिगंबर
षट् + आनन = षडानन
तत् + भव = तद्भव
उत् + घाटन = उद्घाटन

क् च् ट् त् द के बाद म या न हो तो क् का ड, च का ट का ण् त् का न् और द् का य् हो जाता है

वाक् + मय = वाङ्मय
उत + नयन = उन्नयन
चित् + मय = चिन्मय
सत् + मार्ग = सन्मार्ग
उत् + नायक = उन्नायक

म के बाद यदि स्पर्श व्यंजन हो तो म के स्थान पर उसी वर्ग का अंतिम वर्ण हो जाता है

सम + कल्प = संकल्प
सम् + जय = संजय
सम् + ध्या = संध्या

म् के बाद य र ल व स श हो तो म् का अनुस्वार हो जाता है

सम् + योग = संयोग
सम् + हार = संहार
सम् + शय = संशय

छ के पूर्व स्वर हो तो छ के पूर्व च हो जाता है

वि + छेद = विच्छेद
आ + छादन = आच्छादन

ह्रस्व स्वर इ उ के बाद यदि ट हो तो ट् के बाद हो तो ह्रस्व स्वर का दीर्घ होगा तब र् लोप होगा

निर् + रोग = नीरोग
निर् + रव = नीरव

विसर्ग संधि

1. विसर्ग के पहले अ हो तो बाद में कोई घोष व्यंजन हो तो विसर्ग का ओ हो जाता है

मनः + बल = मनोबल
मनः + रथ = मनोरथ
यशः + दा = यशोदा
वयः + वृद्ध = वयोवृद्ध

2. विसर्ग के बाद यदि च, छ हो तो विसर्ग का श ट्‌ ठ हो तो ष्‌ और त ध हो तो स्‌ हो जाता है

निः + चिंत	=	निश्चिंत
निः + छल	=	निश्छल
नमः + ते	=	नमस्ते
नमः + कार	=	नमस्कार

3. विसर्ग के पहले कोई स्वर हो और बाद में घोष ध्वनि हो तो विसर्ग का र्‌ हो जाता है

दुः + गुण	=	दुर्गुण
निः + आश	=	निराश
निः + मल	=	निर्मल

4. विसर्ग के बाद श ष स हो तो विसर्ग का विकल्प श ष स हो जाता है

दुः + शासन	=	दुश्शासन
निः + संदेह	=	निस्संदेह

5. यदि विसर्ग के पूर्व इ अथवा उ हो तो और बाद में क ख ग फ हो तो विसर्ग का ष हो जाता है

दुः + कर	=	दुष्कर
निः + फल	=	निष्फल
निः + कपट	=	निष्कपट
दुः + कर्म	=	दुष्कर्म

समास

समास एक तरह से संधि का ही एकरूप है। यौगिक शब्द निर्माण का ही एक तरीका है। विभक्तियों को हटाकर शब्द निर्माण, शब्दों का एक तरह से संक्षिप्तीकरण है। समास प्रकिया से शब्दों में संशिलिष्टता, सामासिकता व सघनता आ जाती है। समास छह प्रकार के होते हैं। द्वंद समास, द्विगु समास, कर्मधारय, अव्यवीभाव एवं बहुब्रीहि।

1. द्वंद समास

जब सातों विभिक्तियों में से किसी को भी हटाकर शब्द बनाया जाए तो वही द्वंद समास होता है। द्वंद समास में दोनों पद प्रधान होते हैं। यह समास च यानी और के अर्थ में होता है।

राजा - रानी = राजा और रानी
राज - पुत्र = राज का पुत्र

2. द्विगु समास

जहाँ पहला शब्द संख्या वाचक हो वहाँ द्विगु समास होता है।
पंचवटी, त्रिवेणी, चतुर्वेदी आदि।

3. कर्मधारय

जहाँ पहला शब्द उपमा हो और दूसरा उपमान जैसे : खंजन नयन, नीलकमल आदि

4. अव्यवी भाव

जहाँ पहला शब्द अव्यय का बोध कराता है वहाँ अव्ययी भाव समास होता है।
यथा : प्रतिदिन, प्रत्येक, प्रत्यक्ष, आजीवन, यथाशक्ति, सादर, पलपल, भरपेट आदि

5. बहुब्रीहि समास

जहाँ पहला शब्द संख्या वाचक दूसरा संज्ञा और दोनों शब्द मिलकर तीसरे को अभिसंज्ञित करते हों वहाँ बहुब्रीहि समास होता है। यथा दशानन दश हैं आनन जिसके अर्थात् रावण। लंबोदर, लंबा है उदर जिनका अर्थात् गणेश, पीतांबर पीला है अंबर जिनका अर्थात् कृष्ण।

6. तत्पुरुष

इस समास के अंतर्गत, बाद का पद प्रधान होता। पहले पाद में सन्निहित विभक्ति का लोप हो जाता है। सारी विभक्तियों के लोप से यह समास बन सकता है।

उदाहरणार्थ - राज्याश्रित, शोकसंतृप्त, देश प्रेम, पदच्युत, राजकुमार, वनवास, गृह प्रवेश आदि।

लिपि

विचारों को व्यक्त करने के दो तरीके हैं–उच्चारण द्वारा तथा लेखन द्वारा। उच्चारण द्वारा विचार व्यक्त करने के तरीके को भाषा कहा जाता है जिसमें भाषा बोलना उच्चारण करना मुख्य होता है। लेखन में लिपि होती है। विशेष ध्वनियों के लिए विशेष प्रतीक चिह्न बना लिए जाते हैं जैसे सड़क पर जा रहे हैं सामने आपको ## प्रतीक चिह्न दिखाई पड़ता है। इसका अर्थ यह है कि आगे रेलवे क्रासिंग है। धीरे धीरे समाज की सहमति से लिपि चिह्न का विकास हुआ।

लिपि का विकास

लिपि का विकास ईसा से लगभग 5000 वर्ष पूर्व हुआ। लिपि के विकास क्रम में चित्र, सूत्र लिपि, चिह्न लिपि और ध्वनि लिपियों का क्रम मिलता है।

भारत में लिपि का विकास

भारत में लिखने की कला की जानकारी सिंधु घाटी की सभ्यता के दौरान हुई थी। प्राचीन भारत में दो लिपियाँ थीं।

ब्राहमी और खरोष्टी

खरोष्टी लिपि पहले दाएँ से बाएँ लिखी जाती थी लेकिन कालांतर में ब्राहमी के बाएँ से दाएँ लिखी जाने लगी। इसका काल ईसा से तीसरी व चौथी शताब्दी में मिलता है।

ब्राहमी लिपि

ब्राहमी लिपि प्राचीन भारत में सर्वमान्य लिपि थी। प्राचीनतम नमूने श्रावस्ती व अजमेर के पास के शिलालेखों में मिले हैं। ब्राहमी लिपि का विकास भी ईसा से चौथी शताब्दी में मिलता है। ब्राहमी लिपि की दो शैलियाँ उत्तरी और दक्षिणी शैली। उत्तरी शैली से चौथी और पाँचवीं सदी में गुप्तलिपि विकसित हुई। गुप्त सम्राटों ने इसका प्रयोग किया।

गुप्त लिपि

कुटिल लिपि का विकास गुप्त लिपि से हुआ। इसका समय छठवीं व सातवीं शताब्दी है।

प्राचीन नागरी लिपि

प्राचीन नागरी का प्रचलन उत्तर भारत में नौवीं शताब्दी के अंतिम समय तक मिलता है। सोलहवीं शताब्दी में नागरी देवनागरी इससे विकसित हुई।

उत्तर भारत की अन्य लिपियाँ

शारदा लिपि, टाकरी लिपि, सिरंमोरी, डोंगरी, चमेआली, मंडेआली, जैनसारी, कोधी, कुल्लई, कश्टवारी लंडा, कशवारी, मुल्तानी, गुरुमुखी, गुजराती, महाजनी, मौड़ी, कैथी, मैथिली, बंगाली, असमिया, उड़िया, मणिपुरी और नेवारी आदि

मध्य तथा दक्षिण भारत की लिपियाँ

तेलुगु कन्नड़ लिपि व ग्रंथ लिपि, कलिंग लिपि, तमिल लिपि आदि।

खंड-2

काव्यशास्त्र

साहित्य का प्रयोजन

साहित्य के संदर्भ में दो तरह की विचारधाराएँ प्रचलित हैं, एक - साहित्य (कला) साहित्य के लिए दूसरी, साहित्य जीवन के लिए। पहली विचारधारा के मानने वालों का विचार है कि साहित्यकार कोई उपदेशक या समाज सुधारक नहीं होता, वह तो स्वांतः सुखाय के लिए साहित्य सर्जना करता है। प्रश्न उठता है कि आखिरकार उसकी विषयवस्तु क्या समाज निरपेक्ष होती है, क्या प्रकृति निरपेक्ष होती है, क्या उसकी सोच बिल्कुल हवाई होती है। उत्तर है संभवतया नहीं। कला कला के लिए सिद्धांतवादी भी कहीं न कहीं समाज से जुड़े ही होते हैं।

दूसरे सिद्धांत के मानने वालों का तो मानना ही यह है कि साहित्य को समाजोन्मुखी होना चाहिए। प्रेमचंद कहते भी हैं कि साहित्यकार को मशालची की तरह मशाल लेकर आगे आगे चलना चाहिए। समाज का पथ प्रदर्शन करना चाहिए। समाज में जो विसंगतियाँ, कुरीतियाँ या असमानताएँ हैं, उनसे लेखनी के माध्यम से जनता को आगाह करे, चेताए। ज्यादातर साहित्यकारों का प्रयोजन यही होता है। हालाँकि महान कवि तुलसीदास ने कहा है कि वे रामचरितमानस को स्वांतः सुखाय रघुनाथ गाथा के रूप में रच रहे हैं। लेकिन पाठक जानते ही हैं कि रामचरितमानस एक जनमानस का महाकाव्य है।

हम हिंदी साहित्य के आदिकाल से अब तक की समीक्षा करें तो पाते हैं कि आदिकाल जिसे वीरगाथा काल भी कहा गया है। कवियों का उद्देश्य सेना में, जनता में वीरत्व की भावना भरना था। इसके बाद भक्तिकाल में भक्ति के माध्यम से जनता का मार्गदर्शन किया गया। रीतिकाल के कवियों का उद्देश्य अपना राजाओं, महाराजाओं को प्रेरित करना था। छायावाद के कवियों ने अपनी बात को अभिव्यंजना व अप्रस्तुत के माध्यम से कहा। आधुनिक काल में प्रयोगवाद के माध्यम से नए नए प्रयोग हुए पुराने उपमान बदले। कविता व साहित्य बिल्कुल समाजसापेक्षी हो गया। जैसाकि प्रेमचंद ने कहा कि साहित्यकार यदि चाहे तो क्रांति कर सकता है। क्रांतियाँ हुई भी हैं। कबीर ने उस युग में जबकि पाखंड का चहुँदिशि बोलबाला था। हिंदू और मुसलमानों के पाखंडों पर सीधे सीधे प्रहार किया। यह कम क्रांति नहीं थी। मीरा ने सारे बंधनों को ताक पर रखकर संतों की संगति की जो उस समय बहुत बड़ी बात थी। यही नहीं संत रविदास को अपना गुरु माना। सुभद्रा कुमारी चौहान ने

अपनी बेटी की शादी प्रेमचंद के बेटे के साथ की जोकि कायस्थ थे। लेकिन हिंदी साहित्य के निन्यानवे फीसदी साहित्यकारों की सोच दोगली है। कहने को ही प्रगतिशील हैं, व्यवहार में नहीं। हिंदी साहित्यकारों ने हिंदू धर्म में जो भेदभाव, ऊँच नीच, असमानता है उस पर लिखा तो कलम तोड़ा है लेकिन व्यवहार में कुछ अपवादों को छोड़कर सारे साहित्यकार वर्ण व्यवस्था में अधिक विश्वास करते हैं। पहले वे ब्राह्मण हैं, ठाकुर हैं, वैश्य हैं, चमार हैं बाद में साहित्यकार हैं। अपवादतः मैत्रेयी पुष्पा न केवल उच्च दर्जे की साहित्यकार हैं बल्कि उच्च दर्जे की विचारक भी हैं, प्रगतिशील हैं अपनी बेटियों की शादी अपनी उच्च जाति से इतर जातियों में की है। काश इस परम्परा को सभी साहित्यकार ही अपना लें तो समाज से (खासकर हिंदू धर्म से) एक बहुत बड़ा अभिशाप दूर हो जाएगा। हमें आशा है कि साहित्यकार इस ओर भी सोचेंगे। तभी साहित्य का प्रयोजन सार्थक सिद्ध होगा।

साहित्य समाजोपयोगी तभी हो सकता है जब वह जनता की भाषा में लिखा जाए। आज साहित्यकार बहुत अच्छा लिख रहे हैं, बहुत गंभीर लिख रहे हैं, इतना ऊँचा लिख रहे हैं कि जनता के सिर से ऊपर होकर निकल जाता है। यही कारण है कि इन तथाकथित साहित्यकारों से जनता का परिचय ही नहीं हो पाता जिस तरह सूर, कबीर, मीरा या बाबा नागार्जुन लोकप्रिय हैं। आज तक एक भी कवि की कविताएँ जनता की जुबान पर नहीं हैं। काका हाथरसी जिन्हें कि ये तथाकथित साहित्यिक कवि, कवि ही नहीं मानते थे जबकि वे जनता में बहुत लोकप्रिय थे, कहा करते थे –

जिसका अर्थ न समझे कवि भी, वह कविता है हाई।
जिसका अर्थ समझ ले जनता, वह तो तुकबंदी है भाई।

साहित्य समाज का दर्पण

अभी पिछले कुछ वर्षों से महिला विमर्श व दलित विमर्श की बात बड़ी तेजी से उभर कर आई है। यूँ तो प्रवृत्ति से प्रत्येक कलाकार दलित होता है। जब तक भावनाओं का, विचारों का मंथन व दलन नहीं होगा तब तक अभिव्यक्ति संभव नहीं। कवि वाल्मीकि ने जब आहत क्रौंच पक्षी का रुदन-क्रंदन देखा तो उनके मुख से भाव उद्वेलित होकर स्वतः प्रस्फुटित हो गए –

मा निषाद प्रतिष्ठाम् त्वमगमः शाश्वती स्मः
यत्क्रोंच मिथुनादेकम् काममोहितम् वधी।

किसी भी मानव प्राणी के साथ अमानवीय व्यवहार करना ही उसका दलन है। यह दलन आर्थिक, राजनीतिक, धार्मिक, सामाजिक व सांस्कृतिक किसी भी प्रकार का हो सकता है। भारत में मुख्य दलन आर्थिक व सामाजिक प्रकार का है। खासकर सामाजिक। सामाजिक होने का मूल कारण है – वर्ण व्यवस्था। जातियाँ होना बुरी बात नहीं है। विदेशों में भी जातियाँ हैं, कर्मों के आधार पर। हमारे देश में भी प्रारंभ में जातियाँ कर्मगत ही थीं। चर्म का काम करने वाला चर्मकार, कुंभ(घड़े) बनाने वाला कुंभकार, लोहे का काम करने वाला लोहार, अध्यापन करने वाला अध्यापक(झा) था। बाद में यह जातियाँ रूढ़गत हो गईं और ऊँच नीच की भावना उत्पन्न हो गई। अब चाहे लोहार का बेटा अध्यापन करे लेकिन उसे पंडित नहीं कहा जाता है अब भी वह लुहार है। दूसरी तरफ चतुर्वेदी(जिसने चारों वेद पढ़े हों) का बेटा जिसने वेद आँखों से भी नहीं देखे हों चतुर्वेदी है। ऐसी विषम स्थितियों में परिणामस्वरूप ही दलित साहित्य प्रकाश में आया। यूँ दलित साहित्य की उत्पत्ति आम साहित्य के साथ हुई लेकिन तब वह आम साहित्य के साथ गुँथा हुआ था। डॉ. अंबेडकर के आंदोलन के साथ महाराष्ट्र में दलित साहित्य की भी नींव पड़ी। देखते ही देखते दलित साहित्य ने वेग पकड़ा और महाराष्ट्र के बाद अन्य प्रांतों में भी दलित साहित्य की ओर रुझान बढ़ा और अब हिंदी में दलित साहित्यकारों की एक मजबूत पीढ़ी बन चुकी है। इसके साथ ही अब शुरू हुआ इसे स्वीकारने और नकारने का सिलसिला। वाणी प्रकाशन प्रतिवर्ष दलित साहित्य की एक वार्षिकी प्रकाशित करता है जिसको अच्छा प्रतिभाव मिला है। मध्य प्रदेश की साहित्यिक पत्रिका वसुधा का तो ताजा अंक दलित साहित्य विशेषांक के रूप में प्रकाशित हुआ है।

लेकिन फिर भी लोग इसे स्वीकार करने को तैयार नहीं हैं लोगों का कहना है कि साहित्य, साहित्य होता है उसे खानों में नहीं बाँटा जा सकता, यह बात सैद्धांतिक तौर पर सौ फीसदी सही है कि साहित्य, साहित्य होता है लेकिन क्या व्यवहार में भी ठीक है उत्तर शायद नहीं। क्योंकि साहित्य के ज्यादातर मनीषियों का मानना है कि साहित्य समाज का दर्पण होता है जबकि समाज एक है नहीं, समाज में हिंदू अलग हैं, मुसलमान अलग हैं। हिंदुओं में भी ब्राह्मण अलग हैं, क्षत्रिय अलग हैं, वैश्य अलग हैं, शूद्र अलग हैं। ब्राह्मणों में भी चौबे अलग हैं, उपाध्याय अलग हैं, गौड़ अलग हैं। जब समाज आपस में बँटा हुआ है तो फिर साहित्य अछूता कैसे रह सकता है? जो लोग साहित्य को खानों में बाँटने का विरोध करते हैं, वे यह भूल जाते हैं कि एक दलित की व एक सवर्ण की स्थिति हिंदू समाज में एक जैसी नहीं है।

एक उच्च वर्गीय हिंदू अपने बेटे-बेटियों की शादी एक पढ़े लिखे दलित परिवार के साथ नहीं कर सकता है। आज भी दलित दूल्हा घोड़े पर नहीं बैठ सकता है। दलित, सवर्ण वाले घाट पर स्नान नहीं कर सकता है। हिंदू समाज का बड़े से बड़ा साहित्यकार वर्ण व्यवस्था से बुरी तरह से जकड़ा हुआ है। दिल्ली विश्वविद्यालय के हिंदी प्रोफेसर ने मुझसे मेरे साहित्यिक नाम के बारे में पूछा कि मृगेश कौन लोग होते हैं। बताइए बुद्धिजीवी वर्ग के दिमाग में भी जब ये बातें हैं तो फिर आम जनता की स्थिति क्या होगी।

जहाँ तक साहित्य को खानों में बाँटने की बात है तो हिंदी साहित्य को लीजिए — वीरगाथा काल, भक्ति काल, रीतिकाल और उसके बाद आधुनिक काल। आधुनिक काल में भी छायावाद, प्रगतिवाद, प्रयोगवाद आदि क्या हैं ? ये साहित्य के भेद नहीं हैं। इन्हें प्रवृत्तियाँ कह दिया जाता है तो फिर दलित को भी एक प्रवृत्ति मानने में एतराज काहे का। यूँ साहित्य के विभाजन से सहमत नहीं हुआ जा सकता। साहित्य साहित्य है। ठीक है लेकिन दलितों की समस्याएँ अलग समस्याएँ हैं एक क्षत्रिय की या वैश्य की वह समस्या नहीं है जो एक दलित की है और दलित समस्याओं को वही व्यक्ति सटीक तरह से उकेर सकता है जो उसका भुक्त भोगी रहा हो। दलित साहित्य की स्वीकार्यता के बारे में भी हिंदी साहित्यकारों में दो खेमे हैं। एक खेमा दलित साहित्य को मान्यता देता है जबकि दूसरा खेमा नहीं। दलित साहित्यकारों में भी दो खेमे हैं। एक खेमा कहता है कि दलित साहित्यकार वही है जो दलित कही जाने वाली जातियों में जन्मा है। दूसरा कहता है वह प्रत्येक साहित्यकार दलित साहित्यकार की श्रेणी में आ सकता है जो दलित संबंधी समस्याओं का अपने लेखन में रूपायन कर रहा है। जाति से कोई भी हो। यह बात बिल्कुल ठीक है कि दलित साहित्यकार कोई भी हो सकता है जिसके हृदय में विचारों का उद्वेलन हो, उसकी जाति कोई भी रही हो, दलित लेखन को खारिज नहीं किया जा सकता।

प्रेमचंद सहित बहुत से साहित्यकारों का साहित्य दलितोन्मुखी है लेकिन उन्होंने

मात्र दलित समस्याओं का विवरण प्रस्तुत किया है। दलित समस्या का समाधान देने में वे सर्वथा असफल रहे हैं।

ज्यादातर साहित्यकारों ने साहित्य कला - कला के लिए लिखा है केवल हिंदी साहित्य में एक मात्र कबीर ऐसा साहित्यकार है जिसके बारे में दंभ के साथ कहा जा सकता है कि वह सचमुच में साहित्यकार था। अगर ऐसा साहित्य लिखा जाए तो फिर साहित्य, साहित्य होता है और जब साहित्य 'पूजहिं विप्र ज्ञान गुणहीना' हो तो वह साहित्य सर्वदेशीय नहीं होता, सर्वजातीय नहीं होता। यही कारण है कि कबीर की स्वीकार्यता सभी वर्गों में है। उन्होंने समस्या कही, दृष्टांत दिया, समस्या का हल दिया –

माटी कहे कुम्हार ते, तू क्यों रूँदे मोय।
इक दिन ऐसौ आइगो, मैं रूँदूँगी तोय।

निष्कर्षतः सैद्धांतिक तौर पर यह बिल्कुल सही बात है कि समूची मानव जाति एक ही पुरखे की संतान हैं। मुस्लिम, ब्राह्मण, दलित सभी मनुष्य द्वारा बनाई व्यवस्थाएँ हैं, आरोपित हैं। इसलिए साहित्य, साहित्य तभी हो सकता है जब दुनिया का एक ही धर्म-मानवता हो, मानव की जाति मानव हो, भारतीय प्रसंग में प्रत्येक भारतीय, भारतीय हो। मुस्लिम, हिंदू, वैश्य दलित न हो तभी कहना ठीक लगेगा कि साहित्य केवल साहित्य होता है।

काव्य की आत्मा

कवि को सर्जक माना गया है, ब्रह्म सहोदर कहा गया है। कविता के रस को आनंद कहा गया है और इस रस को ब्रह्मानंद या फिर सच्चिदानंद भी कहा गया है। कविता का यह परम आनंद, कविता के किस तत्त्व में होता है इसके बारे में विभिन्न काव्यशास्त्रियों की भिन्न भिन्न धारणाएँ हैं। कुछ आचार्य काव्य की आत्मा रस में मानते हैं, तो कुछ अलंकार में, कुछ रीति को काव्य की आत्मा मानते हैं, तो कुछ ध्वनियों को ही काव्य की आत्मा सिद्ध करते हैं। काव्य की आत्मा पर विचार करने वाले मुख्य मुख्य संप्रदाय व उनके प्रवर्तक निम्नांकित हैं –

रस सिद्धांत	भरतमुनि
अलंकार	भामह, उद्‌भट तथा रुद्रट
रीति	दण्डी तथा वामन
वक्रोक्ति	कुंतक
ध्वनि	आनंदवर्धन
औचित्य	क्षेमेंद्र

रस सिद्धांत

नाट्य शास्त्र के आधार पर भरत मुनि रस संप्रदाय के प्रथम सर्वमान्य आचार्य हैं। भरत मुनि के अनुसार रस की निष्पत्ति होती है – विभानुभाव व्यभिचारि संयोगाद्रस निष्पत्तिः। रस सूत्र के अन्य व्याख्याकार हैं– भट्ट लोल्लट, शंकुक, भट्ट नायक एवं अभिनव गुप्त। विश्वनाथ ने 'वाक्यं रसात्मक काव्यं' कहकर काव्य की आत्मा रस को सिद्ध कर दिया है। रस निष्पत्ति के चर्चाकार और उनके ग्रंथ निम्नांकित हैं –

भरत मुनि	नाट्यशास्त्र
आनंदवर्धन	ध्वन्यालोक
धनंजय	दशरूपक
विश्वनाथ	साहित्य दर्पण
जगन्नाथ	रसगंगाधर
अभिनव	अभिनव भारती

मम्मट	काव्य प्रकाश
भोज	शृंगार प्रकाश

अलंकार

इस सम्प्रदाय के प्रवर्तक आचार्य हैं– भामह। इनकी शिष्य परंपरा में उद्‌भट, दंडी, रुद्रट एवं जयदेव आदि प्रमुख हैं। इनका मानना है – अलंकाररहिता विधवेव सरस्वती तथा न कांतमपि निर्भूष विभाति वनितामुखम हिंदी में केशव अलंकार वादी कवि माने जाते हैं –

जदपि सुजाति सुलक्षणी, सुवर्ण सरस सुवृत्त
भूषण बिन न बिराजई कवित्ता बनिता मित्त
मम्मट कहते हैं अनलंकृती पुनः क्वापि।

रीति

रीति संप्रदाय के मुख्य आचार्य हैं– वामन, दंडी इनके अनुरूप "रीतिरात्मा काव्यस्य"। वैदर्भी, गौड़ी एवं पाँचाली तीन रीतियाँ मानी गई हैं।

वक्रोक्ति

इस संप्रदाय के प्रवर्तक हैं– कुंतक। काव्य में उक्ति वैचित्र्य का महत्त्वपूर्ण स्थान है– वाच्यां वक्रार्थ शब्दोक्तिरलंकारायकल्पते।

काव्य की आत्मा को इस संप्रदाय के आचार्य वक्रोक्ति को काव्य की आत्मा मानते हुए लिखते हैं – वक्रोक्ति काव्यं जीवितम्

ध्वनि

ध्वनिवादी आचार्य आनंदवर्धन और पोषक अभिनव गुप्त तथा प्राण डालने वाले आचार्य हैं –मम्मट। यह सिद्धांत सर्वाधिक चर्चित व जनता द्वारा मान्य है। आनंदवर्धन ने कहा है– काव्यास्यात्मा ध्वनिरित बुधैर्यः सम्माम्नातपूर्णः। ध्वनि सम्प्रदाय में काव्य के तीन भेद हैं – ध्वनि काव्य, गुणीभूत व्यंग्य काव्य तथा चित्र काव्य। आचार्य मम्मट ने इन्हें क्रमशः उत्तम, मध्यम तथा अवर कहा है।

औचित्य

इस संप्रदाय के प्रवर्तक आचार्य हैं –क्षेमेंद्र। इनके काव्यशास्त्र ग्रंथ का नाम है – औचित्य विचार चर्चा वे कहते हैं –

अलंकारास्त्वलंकारा गुणा एवं गुणाः सदा
औचित्यं रससिद्धस्य स्थिरं काव्यस्य जीवितम्

ध्वनिरात्मा काव्यस्य

आनंदवर्धन ने ध्वनि को काव्य की आत्मा कहा है–

- ध्वनति यः स व्यंजकः शब्दः ध्वनिः
- ध्वनति ध्वनयतिवा यः सः

  व्यंजकोअर्थः ध्वनिः
- ध्वन्यते इति ध्वनिः
- ध्वन्यत अनेनइति ध्वनिः
- ध्वन्यते अस्मिन्नति ध्वनिः

यानी कि उपर्युक्त पाँच प्रकार से ध्वनि का प्रयोग होता है –
व्यंजक शब्द, व्यंजकार्थ, व्यंग्यार्थ व्यंजना तथा व्यंग्य से ओत-प्रोत काव्य अर्थात जहाँ अर्थ स्वयं को तथा शब्द अपने अभिधेय अर्थ को गौण करके अर्थ को व्यंजित करे उसे ध्वनि कहते हैं।

ध्वनि के प्रकार

लक्षणा मूला ध्वनि

अभिधा मूला ध्वनि

लक्षणा मूला

जहाँ व्यंग्य अर्थ को समझने के लिए वाच्य यानी कि अभिधागत अर्थ का अभाव रहता है वहाँ पर लक्षणा मूला ध्वनि होती है।

कौन भांति रहि है विरदु, अब देखिबो मुरारि।
बीधे मोसों आइके, गीधे गीधहि तारि।।

अभिधा मूला ध्वनि

जहाँ पर अर्थ वाच्यार्थ ही अभीष्ट हो यानी कि अभिधा से ही अर्थ स्पष्ट हो जाता हो वहाँ अभिधा मूला ध्वनि होती है।

जो पहाड़ को तोड़, फोड़कर राह बनाता।
जीवन निर्मल वही, सदा जो आगे बढ़ता।।

रीतिरात्मा काव्यस्य

आचार्य वामन के अनुसार रीति काव्य की आत्मा है। यही नहीं काव्य का समस्त सौंदर्यशास्त्र रीति पर अवलंबित है। वामन के अनुसार वैदर्भी, गौडी एवं पांचाली तीन रीतियाँ होती हैं –

वैदर्भी रीति

विदर्भ कवियों के द्वारा अधिक प्रयोग में लाने के कारण इसका नाम विदर्भी पड़ा। कालिदास ने वैदर्भी का प्रयोग अपने काव्य में अधिकांशतः किया है। माधुर्य व्यंजक वर्णों से युक्त दीर्घ समासों से रहित ललित पदावली युक्त रचना का नाम वैदर्भी है–

मधुशाला वह नहीं जहाँ पर मदिरा बेची जाती है,
भेंट जहाँ मस्ती की मिलती, मेरी तो वह मधुशाला।

गौडी रीति

इस रीति में दंडी ओज और कांति गुणों का प्राधान्य तथा समास की अधिकता मानते हैं। रुद्रट ने रौद्र, भयानक, वीर आदि उग्र रसों की अभिव्यक्ति के लिए गौडी को सर्वथा उपयुक्त माना है। उदाहरणार्थ –

अच्छहि निरच्छरुच्छहि उजारौं इमि,
तो से तिच्छुतुच्छन को कछवै न गंत हौं।
जारिडारौं लंकहि उजारिडारौं उपवन,
फारिडारौं रावण को तो मैं हनुमंत हौं

पांचाली

माधुर्य और सुकुमारता से सपन्न पांचाली रीति को माना गया है–

मधुराका मुस्काती थी, पहले जब देखा तुमको
परिचित से जाने कबके, तुम लगे उसी क्षण हमको।

साधारणीकरण

श्रोता पाठक या प्रेक्षक तक रस कैसे पहुँचता है, साधारणीकरण का विषय है। काव्य का आनंद पाठक तक तभी पहुँचता है जब वह उसके भाव के साथ तादात्म्य स्थापित कर लेता है। आचार्य रामचंद्र शुक्ल ने चिंतामणि में आलंबन को साधारणीकरण माना है जबकि भट्टनायक और अभिनव गुप्त ने विभावादि को साधारणीकरण माना है। डॉ नगेंद्र कहते हैं कि साधारणीकरण कवि की अनुभूति का होता है कवि जैसे चाहता है पाठक को घुमा देता है। एक उदाहरण के द्वारा बात स्पष्ट हो जाएगी। प्रेक्षक/प्रमाता नाट्य गृह में रामायण नाटक देख रहा है, जब राम और सीता का मिलन होता है तो पाठक को बहुत अच्छा लगता है क्योंकि प्रेक्षक ने स्वयं को राम की भूमिका में अपने को मान लिया होता है। जैसे ही रावण छल, बलपूर्वक सीता का अपहरण कर ले जा रहा होता है तो पाठक अपनी सीट पर बैठा बैठा गुस्से में मुक्का तान रहा होता है क्योंकि रावण उसके लिए यहाँ खलनायक है। रामचंद्र शुक्ल के मतानुसार सीता(आलंबन) का साधारणीकरण होता है लेकिन डॉ नगेंद्र कहते हैं कि जब प्रेक्षक ने रावण फिल्म देखी जिसमें रावण नायक है तो यहाँ पर प्रेक्षक अपने को रावण मान लेता है और अपना साधारणीकरण उसके साथ कर लेता है तो साधारणीकरण कवि की अनुभूति का हुआ, न कि विभाव, अनुभाव व आलंबन का। कवि जैसा चाहे पात्र का निर्माण कर दे। कई बार खलनायकों के साथ ही प्रेक्षक साधारणीकरण कर लेता है। रस की अनुभूति साधारणीकरण के माध्यम से ही प्रमाता को होती है।

रस निष्पत्ति के संबंध में विभिन्न मत

भट्ट लोलट

भट्ट लोलट का मत आरोपवाद है। भट्ट लोलट के अनुसार नट(नायक) पात्र किसी ऐतिहासिक व पूर्व प्रचलित कथा के पात्र की वेशभूषा पहनकर उन जैसे अभिनय करता है। यह आरोपण है। नट के विभाव, अनुभाव व संचारी भावों से रस की निष्पत्ति होती है।

शंकुक

शंकुक का सिद्धांत अनुमितिवाद है। उनका बहुत ही लोक प्रिय सूत्र है 'चित्र तरगादि न्याय' यानी जिस प्रकार भीत पर या पोस्टर पर दौड़ते हुए घोड़े को वास्तविक घोड़ा समझ लिया जाता है। इसी प्रकार प्रमाता नट में नायक का अनुमान कर लेता है।

भट्ट नायक

उनका सिद्धांत भुक्तिवाद है। इसमें प्रेक्षक अभिधा के द्वारा सामान्य अर्थ ग्रहण करता है और वैयक्तिक संबंधों को छोड़कर साधारण मनुष्य की भाव भूमि पर आ जाता है। वह दुष्यंत को सामान्य पुरुष और शकुंतला को सामान्य नारी मानता है। इस तरह रस की निष्पत्ति भोजकत्व द्वारा होती है।

अभिनव गुप्त

अभिव्यक्तिवाद के प्रवर्तक हैं इस दिशा में अभिवन गुप्त स्थायी भाव के आक्षेप से रस की निष्पत्ति होती है।

रस

विश्वनाथ ने कहा है 'रसात्मक वाक्यं काव्यं' "रसवादी आचार्यों के मतानुसार काव्य की आत्मा 'रस' में होती है। रसो वै सः यानी जो रसपूर्ण है वही आनंद स्वरूप परमब्रह्म है। इसीलिए काव्यानंद को ब्रह्मानंद सहोदर रस कहा जाता है। 'रसयते इति रसः' इस सूत्र के अनुसार रस की दो अंतर्निहित विशिष्टियाँ होती है"–

आस्वाद्यत्व तथा द्रवत्व–यानी जिससे आस्वाद प्राप्त हो तथा जो बहता हो, प्रवाहमान हो वही रस है।

रसांग : रस के अंगों की चर्चा करते हुए भरत मुनि ने 'नाट्यशास्त्र ' में कहा कि **विभावानुभावव्याभिचारिसंयोगाद्रसनिष्पत्ति** यानी विभाव, अनुभाव व संचारी भावों के समीकरण को रस कहा जाता है। अंततोगत्वा भरत मुनि स्थायीभाव को ही रस कहते हैं।

रस के प्रकार व स्थायीभाव

भरतमुनि ने केवल आठ रस नाट्यशास्त्र में बताए हैं।

"शृंगार हास्य करुण रौद्रवीर भयानका।
वीभत्साद्भुत संज्ञै चेत्यष्टो नाट्ये रसास्मृता।"

अभिनव गुप्त ने शांत रस को नवम् रस के रूप में मान्यता प्रदान की। श्रीकृष्ण व भोज ने वात्सल्य रस को दसवें रस के रूप में माना है।

रस	**स्थायीभाव**	**मित्ररस**	**शत्रुरस**
शृंगार	रति	हास्य	वीभत्स
हास्य	हास	शृंगार	करुण
रौद्र	क्रोध	करुण	अद्भुत
करुण	शोक	रौद्र	हास्य
वीभत्स	जुगुप्सा	भयानक	शृंगार
भयानक	भय	करुण	वीर
वीर	उत्साह	अद्भुत	भयानक
अद्भुत	विस्मय	वीर	रौद्र
शांत	निर्वेद	- - -	- - -
वात्सल्य	रति	- - -	- - -

शृंगार रस : शृंगार रस का स्थायी भाव रति होता है। शृंगार के दो पक्ष होते हैं। संयोग और वियोग। संयोग का एक उदाहरण द्रष्टव्य है।

> **"आए विदेश ते प्रान पिया मतिराम आनंद बढ़ाय अलैखे**
> **लोगन सों मिलि आँगन बैठ घरी-सी घटी सबरी तन पैखे**
> **भीतर द्वार के मौन खरी, सुकुमार तिया तन काम विसैखे**
> **घूँघट के पट ओट किए, पट ओट किए पिय को मुँह देखे"**

वियोग (विप्रलंभ) शृंगार

> **सखी इन नैनन ते घन हारे**
> **बरसत रहत सदा निशि बासर सदा सजल दोउ तारे।**
> **सदा रहत वर्षा ऋतु इन पर जबते श्याम सिधारे।**

करुण रस : करुण रस का स्थायीभाव शोक होता है। करुण रस का एक उदाहरण देखिए—

> **ऐसे बिहाल बिबाइन सों भये, कंटक जाल गड़े पग जोए**
> **हाय महादुख पाए सखा तुम आए इतै न कितै दिन खोए**
> **देख सुदामा की दीन दसा, करुणा करके करुणा निधि रोए**
> **पानी परात को हाथ छुओ नहिं नैनन के जल सों पग धोए।**

रौद्र रस : रौद्र रस का स्थायी भाव क्रोध होता है। रौद्र रस का एक उदाहरण प्रस्तुत है।

> **"दाँत पीसकर रावण बोला, अरे कायरो बोलो मत,**
> **डूब मरो चुल्लू भर पानी में, बंद करो मुख खोलो मत।"**

हास्य रस : हास्य रस का स्थायी भाव हास होता है। हास्य कवि काका हाथरसी का एक उदाहरण देखिए—

> **आए जब इंग्लैंड से, भारत विलियम डंग**
> **खाकर गरम जलेबियाँ, डंग रह गए दंग**
> **डंग रह गए दंग, इन्हें किस तरह बनाता**
> **ताज्जुब है अंदर शरबत कैसे घुस जाता**
> **बैरा बोला सर, इन्हें आर्टिस्ट बनाते,**
> **बन जाती तब, इंजेक्शन से रस पहुँचाते।**

वीर रस : वीर रस का स्थायीभाव उत्साह है।

इंद्र जिमि जंभ पर, वाडव सुअम्भ पर,
रावन सदम्भ पर, रघुकुल राज है।
पौन बाहि वाह पर, सम्भु रतिनाह पर,
ज्यों सहस्र बाहु पर, राम द्विजराज है।

शांत रस : शांत रस का स्थायी भाव निर्वेद होता है। इसका उदाहरण देखिए

समरस थे जड़ या चेतन सुंदर साकार बना था।
सम रसता एक बरसती आनंद अखंड घना था।

वीभत्स : वीभत्स का स्थायी भाव जुगुप्सा होता है। एक उदाहरण देखिए—

सिर पै बैठो काग आँखि दोऊ खींचि निकारत
खींचत जीभहिं स्यार अतिहिं आनंद उर धारत
गिद्ध जाँघ कौ खोदि-खोदि के मांस उघारत
स्वान आँगुरिन काटि-काटि के खात विदारत

अद्भुत : अद्भुत का स्थायी भाव विस्मय होता है। उदाहरण देखिए—

हनुमान की पूँछ में लगन न पाई आग,
लंका सारी जरि गई, गए निशाचर भाग।

भयानक : भयानक का स्थायी भाव भय होता है। एक उदाहरण देखिए—

"घन घमंड गरजत घन घोरा
पियाहीन डरपत मन मोरा"

वात्सल्य रस : वात्सल्य रस का भी स्थायी भाव रति होता है लेकिन इस रस के अंतर्गत रति वत्सल वाली होती है। सूरदास को वात्सल्य रस सम्राट कहा जाता है।

"जसुमति मन अभिलाष करै,
कब मैरो लाल घुटुरुअन रैंगे, कब धरनी पग द्वैक धरै।
कब द्वै दाँत दूध के देखूँ कब तोतरि मुख वचन झरै
कब नंदहिं बाबा कहि बोले कब जननी कह मोहि ररै।"

अलंकार

कठिन काव्य के प्रेत महाकवि केशव दास ने कहा है –

जदपि सुजाति सुलक्षणी, सुवरण सरस, सुवृत्त
भूषण बिन न विराई कविता बनिता मित्त

अर्थात् जिस प्रकार बनिता यानी नारी भले ही वह सर्वोच्च जाति की हो, अच्छे लक्षणों वाली हो, गोरी हो, या चंद्रमुखी हो फिर भी बिना अलंकरणों, आभूषणों के मन भावन नहीं लगती। ठीक उसी प्रकार कविता बिना अलंकरणों – अलंकार, छंद, शब्द शक्ति, समास आदि के बिना सूखी सूखी लगती है। इसलिए कविता और बनिता दोनों के लिए अलंकृत होना निहायत तो नहीं लेकिन जरूरी है, हालाँकि मानव नग्न पैदा हुआ है और प्रकृति भी अपने असली रूप मे ही अच्छी लगती है लेकिन ज्यों ज्यों मनुष्य ज्ञान बढ़ता गया त्यों त्यों उसने अपने को ढँकना शुरू किया। प्रारंभ में नारियों के अलंकरण फूल पत्ते हुआ करते थे। शकुंतला कर्णफूल पहनती थी जो पुष्पों के होते थे, हार तो पहले भी फूलों के थे आज भी हैं। तथास्तु अलंकार की परिभाषा हुई – अलंकरोतीति अलंकारः यानी जो अलंकृत करता है वह अलंकार है।

हिंदी साहित्य में यूँ तो गौणतः तीन तरह के अलंकार माने गए हैं – शब्दालंकार, अर्थालंकार व उभयालंकार। लेकिन चर्चा अधिकांश पहले दो की ही होती है।

शब्दालंकार

जब अर्थ किसी शब्द विशेष के कारण अपना चमत्कार दिखाए तो समझिए कि वहाँ शब्दालंकार है। अनुप्रास, यमक, श्लेष आदि शब्दालंकार हैं।

अर्थालंकार

जहाँ अर्थ के द्वारा चमत्कार उत्पन्न हो वहाँ अर्थालंकार होता है– जैसे उपमा, उत्प्रेक्षा, अतिशयोक्ति, दृष्टांत व यथासंख्य।

भरत मुनि ने नाट्यशास्त्र में केवल चार अलंकार का वर्णन किया है अनुप्रास, उपमा, रूपक और दीपक। इनमें अनुप्रास शब्दालंकार है। उपमा, रूपक और दीपक अर्थालंकार हैं।

अनुप्रास अलंकार

जब काव्य में एक अक्षर या एक शब्द की पुनरावृत्ति हो वहाँ पर अनुप्रास अलंकार होता है। छेका, लाट, अंत्य आदि इसके उपभेद होते हैं।

तरनि तनूजा तट, तमाल तरुवर बहु छाए

तथा

कंकण क्वणित रणित नूपुर थे, हिलते थे छाती पर हार

उत्प्रेक्षा अलंकार

जब मानो, जानो आदि शब्दों के कारण अर्थ निकलता हो वहाँ उत्प्रेक्षा अलंकार होता है।

मानहु विधि तन अच्छ छवि, स्वच्छ राख वे काज।
दृग पग पोंछन को कियो, भूषण पायं दाज।।

उपमा अलंकार

जब उपमेय की तुलना उपमान से की जाए वहाँ उपमा अलंकार होता है यथा

चरण कमल बंदो हरिराई

तथा

केशव केसन असकरी ज्यों रिपुहूँ न कराहि
चंद्रवदन मृग लोचनी बाबा कहि कहि जाहि

चरणों की तुलना कमल से की गई है। दूसरे उदाहरण में मुख को चंद्रमा जैसा तथा नेत्रों को मृग जैसा बताया गया है।

अतिशयोक्ति

जब बात को बढ़ाचढ़ाकर प्रस्तुत किया जाए तो वहाँ पर अतिशयोक्ति अलंकार होता है।

हनुमान की पूँछ में लग न पाई आग
लंका सारी जल गई गए निशाचर भाग

दृष्टांत

जब बात को दृष्टांत के माध्यम से समझाया जाए वहाँ पर दृष्टांत अलंकार होता है।

बड़ा हुआ तो क्या हुआ जैसे पेड़ खजूर
पंछी को छाया नहीं फल लागे अति दूर

श्लेष अलंकार

जब शब्द एक और अर्थ अनेक हों वहाँ पर श्लेष अलंकार होता है।

चिरजीवो जोरी जुरे क्यों न सनेह गंभीर
को घटि वो वृष भानुजा वो हलधर के वीर

यमक अलंकार

जब शब्द बार बार आए अर्थ भी उतने ही बताए तो यमक अलंकार होता है।

कनक कनक ते सौगुनी मादकता अधिकाय।
वा खाए बौराय जग वा पाए बौराय।।

यहाँ कनक के दो अर्थ हैं सोना और धतूरा दोनों की प्राप्ति पर आदमी बौरा (पागल) जाता है।

यथासंख्या अलंकार

जहाँ एक से अधिक चीजों का वर्णन किया जाए और फिर उसी क्रम में उनका गुण बताया जाए वहाँ पर यथासंख्या अलंकार होता है –

अमिय हलाहल मद भरे, स्वेत स्याम रतनार।
जियत मरत झुकि झुकि परत, जिहिं चितवत इकबार।। (रसलीन)

इस उदाहरण में तीन वस्तुएँ हैं अमिय = अमृत, हलाहल विष, मद भरे प्रेम आगे तीनों का रंग बताया गया है। अमृत का रंग श्वेत, हलाहल का रंग श्याम और प्रेम का रंग लाल। आगे तीनों के उपभोग से क्या असर होता है बताया गया है–

जियत अमृत की एक बंद पीने से आदमी जी उठता है , अमर हो जाता है , हलाहल की एक बूँद से मृत्यु हो जाती है। प्रेम से आदमी बारंबार अपने प्रिय को निहारना चाहता है।

रूपक अलंकार

जब एक वस्तु का दूसरी वस्तु में आरोपण होता है तो वहाँ पर रूपक अलंकार होता है

झीनी झीनी बीनी चँदरिया (सांग रूपक)
आठ कँवल दस चरखा डोले
पाँच तत्त्व की बीनी चँदरिया
सो चादर सुरनर मुनि ओढ़ी
ओढ़िके मैली कीनी चँदरिया
दास कबीर जतन कर ओढ़ी
ज्यों की त्यों धरि दई चँदरिया

यहाँ मानव देह और चँदरिया की समानता विभिन्न कोणों से बताई गई है।

छंद विधान

क्रोंच पक्षी के बध पर साथी पक्षी द्वारा क्रंदन और उसकी पीड़ा से उद्वेलित होकर वाल्मीकि के मुख से यह पक्तियाँ अनायास प्रस्फुटित हो गई।

"मा निषाद प्रतिष्ठाम् त्वमगमः शाश्वतीस्मः
यत्क्रोंच मिथुनादेकम् काम मोहितम् बधीः"

वाल्मीकि के मुख से तो अनायास फूटी थी लेकिन वाल्मीकि को क्या पता था कि आगे चलकर काव्य शास्त्री इसमें मात्रादि गिनकर पैमाने पर इसे अनुष्टुप छंद अभिसंज्ञित कर देंगे।

सत्य तो यह है कि कला का प्रस्फुटन किसी पैमाने के आधार पर नहीं होता स्वतः स्फूर्त होता है। जब आदमी को खुशी हुई तो गुनगुनाने लगा, गाने लगा। और गाना बन गया, गीत हो गया और ज्यादा खुशी हुई तो नृत्य करने लगा। बाद में शास्त्रियों ने इसे जकड़ना शुरू किया। गीत, संगीत व नृत्य के योग से शास्त्रीय संगीत व शास्त्रीनृत्य होने लगे। जबकि लोकनृत्य स्वतः स्फूर्त अभिव्यक्ति थी। मन में आया जिधर को पग रख दिया हो गया नाच, बाद में पग गिनगिनकर रखे जाने लगे। यानी बंधन में बाँध दिया इसी प्रकार–

इसी प्रकार कविता के क्षेत्र में आदमी ने जब विशिष्ट शैली में अपनी अभिव्यक्ति की होगी तो उसने न तो मात्राएँ गिनी होंगी और न ही वर्ण, बाद में पंडितों ने पैमाने बनाए। ध्यान रहे कि पैमाने बाद में बने कविता पहले हो गई।

कविता वाल्मीकि ने पहले कर दी। पैमाना बाद में निर्धारित हुआ और उसे अनुष्टुप छंद नाम दे दिया। जयशंकर प्रसाद ने कविता पहले लिखी बाद में उसे "आँसू" छंद बता डाला। इसीलिए निराला को कहना पड़ा "खुलगए छंद के बंध रजत के प्रात पाश"–

उल्लेखनीय है कि छंदों की परंपरा हिंदी में संस्कृत से आई। वीरगाथा काव्य में दोहे, कुंडलियाँ, वीर, छंद, का जमकर प्रयोग हुआ। संत कवियों ने अधिकांशतः दोहों में रचना की लेकिन चौपाई और सोरठा भी लिखे। यहाँ यह बताएँ कि यदि काव्य शास्त्र के हिसाब से कबीर की कविता का आकलन करेंगे तो उसमें दोष ही दोष नजर आएँगे लेकिन कबीर का भाव बेजोड़ है। संसार के किसी कवि में इतना मौलिक वखरा चिंतन नहीं है जो कबीर में है अतः कबीर का काव्य दोष पूर्ण होते

हुए भी हृदयंगम होता है। बिना किसी महाकाव्य रचे वे संसार के महाकवियों में सिरमौर हैं–

छंद के प्रकार

मोटे तौर पर छंद के दो प्रकार होते हैं–

मात्रिक और वर्णिक

मात्रिक छंद : मात्रिक छंदो में मात्राएँ गिनी जाती हैं। चौपाई, दोहा, सोरठा, रोला कुंडलियाँ, वीर, सखि आदि मात्रिक छंद हैं–

वर्णिक छंद :

कवित्त और सवैया वर्णिक छंद हैं

चौपाई : महाकवि तुलसीदास ने चौपाई को अमर बना डाला, चौपाई में 16 मात्रा होती हैं। 4-4 मात्राओं के 4 पद होते हैं। इसीलिए चौपाई कहलाती है।

बहुरि	बदन	बिधु	अंचल	ढाँकी	
III	III	II	SII	S S	= 16

पियतन	चितइं	भौंह	करि	बाँकी	
IIII	III	SI	II	SS	= 16

दोहा

दोहा में 48 मात्राएँ होती हैं। दोहा की दो पंक्तियों में से हरेक पंक्ति में 24 मात्राएँ होती हैं। 13 और 11 पर यति होती है।

यथा

ऊँच	नीच	को	छोड़कर,	सबको	समझ	समान।	
SI	SI	S	SIII,	IIS	III	ISI	= 24

यदि	चाहे	सम्मान	तो,	तू	भी	दे	सम्मान।।
II	SS	SSI	S,	S	S	S	SSI = 24

सोरठा

सोरठा दोहे का उल्टा होता है यानी कि 11 और 13 मात्राएँ होती हैं। 11 पर यति होती है इसमें अंत में अनुप्रास आये या न आए जरूरी कतई नहीं यथा

मै समुझ्यो निरधार, यह जग काँचों काँच सों,
एकहिं रूप अपार प्रतिबिंबित लखियतु जहाँ।

रोला में सोरठा के दो युग्म होते हैं।

तेल लेउ जी तेल कडकनी ऐसी बोली
बादल गरज रहे हो छूट रही हो गोली
कहें काका गाँव में सन्नाटो छायो
एक बर्ष हे गयो गाँव में तेली नहीं आयो

कुंडलिया

दोहा, रोला मिलकर कुंडलिया बनती हैं।

गिरधर कवि ने कुंडलिया छंद को उत्कर्ष पर पहुँचाया। वर्तमान में काका हाथरसी ने इसका जमकर प्रयोग किया। गिरधर कवि की एक कुंडली देखिए।

"लाठी में गुण बहुत हैं, सदा राखिए संग।
गहरे नद नारे जहाँ, तहाँ बचावे अंग।
तहाँ बचावे अंग, झपटि कुत्ता कूँ मारै।
दुश्मन दावागीर होंय, तिनहूँ कूँ झारै।।
कह गिरधर कविराय, सुनो ओ घर के पाठी।
सब हथियारन छांडि, साथ में लैलेउ लाठी।।

वर्णिक छंद

सवैया : चार चरणों वाला समपाद वर्णिक छंद है। इसमें वर्ण गिने जाते हैं। 24 से लेकर 32 तक वर्ण एक पाद में हो सकते हैं। सवैया में अंतिम पद पर सर्वाधिक वजन होता है यानी कि वह सवाया होता है। नरोत्तम दास टंडन के सुदामा चरित का एक बहुत ही लोकप्रिय सवैया है–

ऐसे बिहाल विवाइन सौं भए, कंटक जाल गड़े पग जोए
हाय महादुख पाए सखा तुम, आए इतै न कितै दिन खोए
देख सुदामा की दीन दशा, करुणा करके करुणानिधि रोए
पानी परात को हाथ छुओ नहिं, नैनन के जलसौ पग धोए।

फाग की भीर अभीरन में गहि,
गोविंदए लै गई भीतर गोरी।
भाइ करी मन की पदमाकर,
ऊपर नांइ अबीर की झोरी।
छीन पितंबर कंबर में ते,
सुविदा दई मींड़ि कपोलन रोरी।
नैन नचाय, कही मुसकाय,
लला फिर अइयों खेलन होरी।

कवित्त

31 वर्णों के चार पदों के समूह को कवित्त कहा जाता है। 16 वर्णों के बाद यति होती है। उदाहरण देखिए।

करि की चुराई चाल, सिंह की चुराई लंक
शशि को चुरायो मुख, नाश चोरी कीर की।
पिक को चुरायो बैन, मृग को चुरायो नैन,
दसन अनार हाँसी, गूँजरी गंभीर की,
कहें बैनी, बैनी व्याल की चुराय लीन्ही
रति रति सोभा, रति के शरीर की
अब तौ कन्हैया जी को, चित्त हू चुराय लीन्हो।
चोरटी है गोरटी है, छोरटी अहीर की।

कवित्त का एक उदाहरण और देखिए—

घुसते ही घर में यूँ पति बोले पत्नी से,
अपन कू छोड़ तेरे कितने दिवाने हैं?
बोली प्राणनाथ से यूँ पत्नी सकुचि कछु
आपके अलावा मेरे और दो दिवाने हैं।
महीना में बार द्वै मिलन जाती उनसे मैं,
आपसे बना के झूठे-मूठे से बहाने हैं
राशन दुकानवाला, आलू और प्याजवाला,
आपके अलावा मेरे दो ही तो दिवाने हैं।

खंड-3

राजभाषा

संघ की राजभाषा नीति

संघ की राजभाषा हिंदी और लिपि देवनागरी है। संघ के शासकीय प्रयोजनों के लिए प्रयोग होने वाले अंकों का रूप भारतीय अंकों का अंतराष्ट्रीय रूप है। परंतु हिंदी के अतिरिक्त अंग्रेजी भाषा का प्रयोग भी सरकारी कामकाज में किया जा सकता है।

संसद का कार्य हिंदी में या अंग्रेजी में किया जा सकता है। परंतु राज्यसभा के सभापति महोदय या लोकसभा के अध्यक्ष महोदय विशेष परिस्थिति में सदन के किसी सदस्य को अपनी मातृभाषा में सदन को संबोधित करने की अनुमति दे सकते हैं।

किन प्रयोजनों के लिए केवल हिंदी का प्रयोग किया जाना है, किन के लिए हिंदी और अंग्रेजी दोनों भाषाओं का प्रयोग आवश्यक है और किन कार्यों के लिए अंग्रेजी भाषा का प्रयोग किया जाना है, यह राजभाषा अधिनियम 1963, राजभाषा नियम 1976 और उनके अंतर्गत समय समय पर राजभाषा विभाग, गृह मंत्रालय की ओर से जारी किए गए निर्देशों द्वारा निर्धारित किया गया है।

राजभाषा विभाग के कार्य

राजभाषा संबंधी सांविधानिक और कानूनी उपबंधों का अनुपालन सुनिश्चित करने और संघ के सरकारी काम-काज में हिंदी के प्रयोग को बढ़ावा देने के लिए गृह मंत्रालय के एक स्वतंत्र विभाग के रूप में जून, 1975 में राजभाषा विभाग की स्थापना की गई थी। उसी समय से यह विभाग संघ के सरकारी काम-काज में हिंदी का प्रगामी प्रयोग बढ़ाने के लिए प्रयासरत है। भारत सरकार (कार्य आबंटन) नियम, 1961 के अनुसार, राजभाषा विभाग को निम्न कार्य सौंपे गए हैं -

(1) संविधान में राजभाषा से संबंधित उपबंधों तथा राजभाषा अधिनियम, 1963 (1963 का 19) के उपबंधों का कार्यान्वयन, उन उपबंधों को छोड़कर जिनका कार्यान्वयन किसी अन्य विभाग को सौंपा गया है।

(2) किसी राज्य के उच्च न्यायालय की कार्यवाही में अंग्रेजी भाषा से भिन्न किसी अन्य भाषा का सीमित प्रयोग प्राधिकृत करने के लिए राष्ट्रपति का पूर्व अनुमोदन।

(3) केंद्र सरकार के कर्मचारियों के लिए हिंदी शिक्षण योजना और पत्र-पत्रिकाओं और उससे संबंधित अन्य साहित्य के प्रकाशन सहित संघ की राजभाषा के रूप में हिंदी के प्रगामी प्रयोग से संबंधित सभी मामलों के लिए केंद्रीय उत्तरदायित्व।

(4) संघ की राजभाषा के रूप में हिंदी के प्रगामी प्रयोग से संबंधित सभी मामलों में समन्वय, जिनमें प्रशासनिक शब्दावली, पाठ्य विवरण, पाठ्य पुस्तकें, प्रशिक्षण पाठ्यक्रम और उनके लिए अपेक्षित उपस्कर (मानकीकृत लिपि सहित) शामिल हैं।

(5) केंद्रीय सचिवालय राजभाषा सेवा का गठन और संवर्ग प्रबंधन।

(6) केंद्रीय हिंदी समिति से संबंधित मामले।

(7) विभिन्न मंत्रालयों/विभागों द्वारा स्थापित हिंदी सलाहकार समितियों से संबंधित कार्य का समन्वय।

(8) केंद्रीय अनुवाद ब्यूरो से संबंधित मामले।

(9) हिंदी शिक्षण योजना सहित केंद्रीय हिंदी प्रशिक्षण संस्थान से संबंधित मामले।

(10) क्षेत्रीय कार्यान्वयन कार्यालयों से संबंधित मामले।

(11) संसदीय राजभाषा समिति से संबंधित मामले।

संगठनात्मक विवरण

राजभाषा विभाग के प्रभाग

नीति
सेवा
तकनीकी कक्ष
कार्यान्वयन
अनुसंधान एवं पत्रिका एकक
प्रशिक्षण

राजभाषा विभाग के अधीनस्थ कार्यालय

क्षेत्रीय कार्यान्वयन कार्यालय
केंद्रीय अनुवाद ब्यूरो
केंद्रीय हिंदी प्रशिक्षण संस्थान
संसदीय राजभाषा समिति सचिवालय

संघ की भाषा

अनुच्छेद 120 :- संसद में प्रयोग की जाने वाली भाषा -

(1) भाग 17 में किसी बात के होते हुए भी, किंतु अनुच्छेद 348 के उपबंधों के अधीन रहते हुए, संसद में कार्य हिंदी में या अंग्रेजी में किया जाएगा।

परंतु, यथास्थिति, राज्य सभा का सभापति या लोक सभा का अध्यक्ष अथवा उस रूप में कार्य करने वाला व्यक्ति किसी सदस्य को, जो हिंदी में या अंग्रेजी में अपनी पर्याप्त अभिव्यक्ति नहीं कर सकता है, अपनी मातृ-भाषा में सदन को संबोधित करने की अनुज्ञा दे सकेगा।

(2) जब तक संसद् विधि द्वारा अन्यथा उपबंध न करे तब तक इस संविधान के प्रारंभ से पंद्रह वर्ष की अवधि की समाप्ति के पश्चात् यह अनुच्छेद ऐसे प्रभावी होगा मानो "या अंग्रेजी में" शब्दों का उसमें से लोप कर दिया गया हो।

अनुच्छेद 210 : विधान-मंडल में प्रयोग की जाने वाली भाषा -

(1) भाग 17 में किसी बात के होते हुए भी, किंतु अनुच्छेद 348 के उपबंधों के अधीन रहते हुए, राज्य के विधान-मंडल में कार्य, राज्य की राजभाषा या राजभाषाओं में या हिंदी में या अंग्रेजी में किया जाएगा।

परंतु, यथास्थिति, विधान सभा का अध्यक्ष या विधान परिषद् का सभापति अथवा उस रूप में कार्य करने वाला व्यक्ति किसी सदस्य को, जो पूर्वोक्त भाषाओं में से किसी भाषा में अपनी पर्याप्त अभिव्यक्ति नहीं कर सकता है, अपनी मातृभाषा में सदन को संबोधित करने की अनुज्ञा दे सकेगा।

(2) जब तक राज्य का विधान-मंडल विधि द्वारा अन्यथा उपबंध न करे तब तक इस संविधान के प्रारंभ से पंद्रह वर्ष की अवधि की समाप्ति के पश्चात् यह अनुच्छेद ऐसे प्रभावी होगा मानो "या अंग्रेजी में" शब्दों का उसमें से लोप कर दिया गया हो।

परंतु हिमाचल प्रदेश, मणिपुर, मेघालय और त्रिपुरा राज्यों के विधान-मंडलों के संबंध में, यह खंड इस प्रकार प्रभावी होगा मानो इसमें आने वाले "पंद्रह वर्ष" शब्दों के स्थान पर "पच्चीस वर्ष" शब्द रख दिए गए हों।

परंतु यह और कि अरूणाचल प्रदेश, गोवा और मिजोरम राज्यों के विधान-मंडलों के संबंध में यह खंड इस प्रकार प्रभावी होगा मानो इसमें आने वाले "पंद्रह वर्ष" शब्दों के स्थान पर "चालीस वर्ष" शब्द रख दिए गए हों।

अनुच्छेद 343 : संघ की राजभाषा–

(1) संघ की राजभाषा हिंदी और लिपि देवनागरी होगी, संघ के शासकीय

प्रयोजनों के लिए प्रयोग होने वाले अंकों का रूप भारतीय अंकों का अंतराष्ट्रीय रूप होगा।

(2) खंड (1) में किसी बात के होते हुए भी, इस संविधान के प्रारंभ से पंद्रह वर्ष की अवधि तक संघ के उन सभी शासकीय प्रयोजनों के लिए अंग्रेजी भाषा का प्रयोग किया जाता रहेगा जिनके लिए उसका ऐसे प्रारंभ से ठीक पहले प्रयोग किया जा रहा था।

परंतु राष्ट्रपति उक्त अवधि के दौरान, आदेश द्वारा, संघ के शासकीय प्रयोजनों में से किसी के लिए अंग्रेजी भाषा के अतिरिक्त हिंदी भाषा का और भारतीय अंकों के अंतराष्ट्रीय रूप के अतिरिक्त देवनागरी रूप का प्रयोग प्राधिकृत कर सकेगा।

(3) इस अनुच्छेद में किसी बात के होते हुए भी, संसद उक्त पन्द्रह वर्ष की अवधि के पश्चात्, विधि द्वारा

(क) अंग्रेजी भाषा का, या

(ख) अंकों के देवनागरी रूप का,

ऐसे प्रयोजनों के लिए प्रयोग उपबंधित कर सकेगी जो ऐसी विधि में विनिर्दिष्ट किए जाएँ।

अनुच्छेद 344, राजभाषा के संबंध में आयोग और संसद की समिति--

(1) राष्ट्रपति, इस संविधान के प्रारंभ से पांच वर्ष की समाप्ति पर और तत्पश्चात् ऐसे प्रारंभ से दस वर्ष की समाप्ति पर, आदेश द्वारा, एक आयोग गठित करेगा जो एक अध्यक्ष और आठवीं अनुसूची में विनिर्दिष्ट विभिन्न भाषाओं का प्रतिनिधित्व करने वाले ऐसे अन्य सदस्यों से मिलकर बनेगा जिनको राष्ट्रपति नियुक्त करे और आदेश में आयोग द्वारा अनुसरण की जाने वाली प्रक्रिया परिनिश्चित की जाएगी।

(2) आयोग का यह कर्तव्य होगा कि वह राष्ट्रपति को--

(क) संघ के शासकीय प्रयोजनों के लिए हिंदी भाषा के अधिकाधिक प्रयोग,

(ख) संघ के सभी या किन्हीं शासकीय प्रयोजनों के लिए अंग्रेजी भाषा के प्रयोग पर निर्बंधनों,

(ग) अनुच्छेद 348 में उल्लिखित सभी या किन्हीं प्रयोजनों के लिए प्रयोग की जाने वाली भाषा,

(घ) संघ के किसी एक या अधिक विनिर्दिष्ट प्रयोजनों के लिए प्रयोग किए जाने वाले अंकों के रूप,

(ङ) संघ की राजभाषा तथा संघ और किसी राज्य के बीच या एक राज्य और दूसरे राज्य के बीच पत्रादि की भाषा और उनके प्रयोग के संबंध में राष्ट्रपति द्वारा आयोग को निर्देशित किए गए किसी अन्य विषय, के बारे में सिफारिश करे।

(3) खंड (2) के अधीन अपनी सिफारिशें करने में, आयोग भारत की औद्योगिक, सांस्कृतिक और वैज्ञानिक उन्नति का और लोक सेवाओं के संबंध में अहिंदी भाषी क्षेत्रों के व्यक्तियों के न्यायसंगत दावों और हितों का सम्यक ध्यान रखेगा।

(4) एक समिति गठित की जाएगी जो तीस सदस्यों से मिलकर बनेगी जिनमें से बीस लोक सभा के सदस्य होंगे और दस राज्य सभा के सदस्य होंगे जो क्रमशः लोक सभा के सदस्यों और राज्य सभा के सदस्यों द्वारा आनुपातिक प्रतिनिधित्व पद्धति के अनुसार एकल संक्रमणीय मत द्वारा निर्वाचित होंगे।

(5) समिति का यह कर्तव्य होगा कि वह खंड (1)के अधीन गठित आयोग की सिफारिशों की परीक्षा करे और राष्ट्रपति को उन पर अपनी राय के बारे में प्रतिवेदन दे।

(6) अनुच्छेद 343 में किसी बात के होते हुए भी, राष्ट्रपति खंड (5) में निर्दिष्ट प्रतिवेदन पर विचार करने के पश्चात् उस संपूर्ण प्रतिवेदन के या उसके किसी भाग के अनुसार निर्देश दे सकेगा।

प्रादेशिक भाषाएँ

अनुच्छेद 345, राज्य की राजभाषा या राजभाषाएँ–

अनुच्छेद 346 और अनुच्छेद 347 के उपबंधों के अधीन रहते हुए, किसी राज्य का विधान-मंडल, विधि द्वारा, उस राज्य में प्रयोग होने वाली भाषाओं में से किसी एक या अधिक भाषाओं को या हिंदी को उस राज्य के सभी या किन्हीं शासकीय प्रयोजनों के लिए प्रयोग की जाने वाली भाषा या भाषाओं के रूप में अंगीकार कर सकेगा।

परंतु जब तक राज्य का विधान-मंडल, विधि द्वारा, अन्यथा उपबंध न करे तब तक राज्य के भीतर उन शासकीय प्रयोजनों के लिए अंग्रेजी भाषा का प्रयोग किया जाता रहेगा जिनके लिए उसका इस संविधान के प्रारंभ से ठीक पहले प्रयोग किया जा रहा था।

अनुच्छेद 346, एक राज्य और दूसरे राज्य के बीच या किसी राज्य और संघ के बीच पत्रादि की राजभाषा–

संघ में शासकीय प्रयोजनों के लिए प्रयोग किए जाने के लिए तत्समय प्राधिकृत भाषा, एक राज्य और दूसरे राज्य के बीच तथा किसी राज्य और संघ के बीच पत्रादि की राजभाषा होगी :

परंतु यदि दो या अधिक राज्य यह करार करते हैं कि उन राज्यों के बीच पत्रादि की राजभाषा हिंदी भाषा होगी तो ऐसे पत्रादि के लिए उस भाषा का प्रयोग किया जा सकेगा।

अनुच्छेद 347, किसी राज्य की जनसंख्या के किसी अनुभाग द्वारा बोली जाने वाली भाषा के संबंध में विशेष उपबंध–

यदि इस निमित्त माँग किए जाने पर राष्ट्रपति का यह समाधान हो जाता है कि किसी राज्य की जनसंख्या का पर्याप्त भाग यह चाहता है कि उसके द्वारा बोली जाने वाली भाषा को राज्य द्वारा मान्यता दी जाए तो वह निर्देश दे सकेगा कि ऐसी भाषा को भी उस राज्य में सर्वत्र या उसके किसी भाग में ऐसे प्रयोजन के लिए, जो वह विनिर्दिष्ट करे, शासकीय मान्यता दी जाए।

उच्चतम न्यायालय, उच्च न्यायालयों आदि की भाषा

अनुच्छेद 348, उच्चतम न्यायालय और उच्च न्यायालयों में और अधिनियमों, विधेयकों आदि के लिए प्रयोग की जाने वाली भाषा–

(1) इस भाग के पूर्वगामी उपबंधों में किसी बात के होते हुए भी, जब तक संसद विधि द्वारा अन्यथा उपबंध न करे तब तक--

(क) उच्चतम न्यायालय और प्रत्येक उच्च न्यायालय में सभी कार्यवाहियाँ अंग्रेजी भाषा में होंगी,

(ख) (i) संसद के प्रत्येक सदन या किसी राज्य के विधान-मंडल के सदन या प्रत्येक सदन में पुरःस्थापित किए जाने वाले सभी विधेयकों या प्रस्तावित किए जाने वाले उनके संशोधनों के,

(ii) संसद या किसी राज्य के विधान-मंडल द्वारा पारित सभी अधिनियमों के और राष्ट्रपति या किसी राज्य के राज्यपाल द्वारा प्रख्यापित सभी अध्यादेशों के ,और

(iii) इस संविधान के अधीन अथवा संसद या किसी राज्य के विधान-मंडल द्वारा बनाई गई किसी विधि के अधीन निकाले गए या बनाए गए सभी आदेशों, नियमों, विनियमों और उपविधियों के, प्राधिकृत पाठ अंग्रेजी भाषा में होंगे।

(2) खंड(1) के उपखंड (क) में किसी बात के होते हुए भी, किसी राज्य का राज्यपाल राष्ट्रपति की पूर्व सहमति से उस उच्च न्यायालय की कार्यवाहियों में, जिसका मुख्य स्थान उस राज्य में है, हिंदी भाषा का या उस राज्य के शासकीय प्रयोजनों के लिए प्रयोग होने वाली किसी अन्य भाषा का प्रयोग प्राधिकृत कर सकेगा :

परंतु इस खंड की कोई बात ऐसे उच्च न्यायालय द्वारा दिए गए किसी निर्णय, डिक्री या आदेश को लागू नहीं होगी।

(3) खंड (1) के उपखंड (ख) में किसी बात के होते हुए भी, जहाँ किसी राज्य के विधान-मंडल ने,उस विधान-मंडल में पुरःस्थापित विधेयकों या उसके द्वारा पारित अधिनियमों में अथवा उस राज्य के राज्यपाल द्वारा प्रख्यापित अध्यादेशों में अथवा

उस उपखंड के पैरा (iv) में निर्दिष्ट किसी आदेश, नियम, विनियम या उपविधि में प्रयोग के लिए अंग्रेजी भाषा से भिन्न कोई भाषा विहित की है वहाँ उस राज्य के राजपत्र में उस राज्य के राज्यपाल के प्राधिकार से प्रकाशित अंग्रेजी भाषा में उसका अनुवाद इस अनुच्छेद के अधीन उसका अंग्रेजी भाषा में प्राधिकृत पाठ समझा जाएगा।

अनुच्छेद 349, भाषा से संबंधित कुछ विधियाँ अधिनियमित करने के लिए विशेष प्रक्रिया—

इस संविधान के प्रारंभ से पंद्रह वर्ष की अवधि के दौरान, अनुच्छेद 348 के खंड (1) में उल्लिखित किसी प्रयोजन के लिए प्रयोग की जाने वाली भाषा के लिए उपबंध करने वाला कोई विधेयक या संशोधन संसद के किसी सदन में राष्ट्रपति की पूर्व मंजूरी के बिना पुरःस्थापित या प्रस्तावित नहीं किया जाएगा और राष्ट्रपति किसी ऐसे विधेयक को पुरःस्थापित या किसी ऐसे संशोधन को प्रस्तावित किए जाने की मंजूरी अनुच्छेद 344 के खंड (1) के अधीन गठित आयोग की सिफारिशों पर और उस अनुच्छेद के खंड (4) के अधीन गठित समिति के प्रतिवेदन पर विचार करने के पश्चात् ही देगा, अन्यथा नहीं।

विशेष निर्देश

अनुच्छेद 350, व्यथा के निवारण के लिए अभ्यावेदन में प्रयोग की जाने वाली भाषा—

प्रत्येक व्यक्ति किसी व्यथा के निवारण के लिए संघ या राज्य के किसी अधिकारी या प्राधिकारी को, यथास्थिति, संघ में या राज्य में प्रयोग होने वाली किसी भाषा में अभ्यावेदन देने का हकदार होगा।

अनुच्छेद 350 क, प्राथमिक स्तर पर मातृभाषा में शिक्षा की सुविधाएँ—

प्रत्येक राज्य और राज्य के भीतर प्रत्येक स्थानीय प्राधिकारी भाषाई अल्पसंख्यक-वर्गों के बालकों को शिक्षा के प्राथमिक स्तर पर मातृभाषा में शिक्षा की पर्याप्त सुविधाओं की व्यवस्था करने का प्रयास करेगा और राष्ट्रपति किसी राज्य को ऐसे निर्देश दे सकेगा जो वह ऐसी सुविधाओं का उपबंध सुनिश्चित कराने के लिए आवश्यक या उचित समझता है।

अनुच्छेद 350 ख, भाषाई अल्पसंख्यक-वर्गों के लिए विशेष अधिकारी—

(1) भाषाई अल्पसंख्यक-वर्गों के लिए एक विशेष अधिकारी होगा जिसे

राष्ट्रपति नियुक्त करेगा।

(2) विशेष अधिकारी का यह कर्तव्य होगा कि वह इस संविधान के अधीन भाषाई अल्पसंख्यक-वर्गों के लिए उपबंधित रक्षोपायों से संबंधित सभी विषयों का अन्वेषण करे और उन विषयों के संबंध में ऐसे अंतरालों पर जो राष्ट्रपति निर्दिष्ट करे,

राष्ट्रपति को प्रतिवेदन दे और राष्ट्रपति ऐसे सभी प्रतिवेदनों को संसद के प्रत्येक सदन के समक्ष रखवाएगा और संबंधित राज्यों की सरकारों को भिजवाएगा।

अनुच्छेद 351, हिंदी भाषा के विकास के लिए निर्देश–

संघ का यह कर्तव्य होगा कि वह हिंदी भाषा का प्रसार बढ़ाए, उसका विकास करे जिससे वह भारत की सामासिक संस्कृति के सभी तत्त्वों की अभिव्यक्ति का माध्यम बन सके और उसकी प्रकृति में हस्तक्षेप किए बिना हिंदुस्थानी में और आठवीं अनुसूची में विनिर्दिष्ट भारत की अन्य भाषाओं में प्रयुक्त रूप, शैली और पदों को आत्मसात् करते हुए और जहाँ आवश्यक या वांछनीय हो वहाँ उसके शब्द-भंडार के लिए मुख्यतः संस्कृत से और गौणतः अन्य भाषाओं से शब्द ग्रहण करते हुए उसकी समृद्धि सुनिश्चित करे।

राजभाषा अधिनियम, 1963

(यथासंशोधित,1967)

उन भाषाओं का, जो संघ के राजकीय प्रयोजनों, संसद में कार्य के संव्यवहार, केंद्रीय और राज्य अधिनियमों और उच्च न्यायालयों में कतिपय प्रयोजनों के लिए प्रयोग में लाई जा सकेंगी,उपबन्ध करने के लिए अधिनियम। भारत गणराज्य के चौदहवें वर्ष में संसद द्वारा निम्नलिखित रूप में यह अधिनियमित हो :-

1. संक्षिप्त नाम और प्रारम्भ-

(1) यह अधिनियम राजभाषा अधिनियम, 1963 कहा जा सकेगा।

(2) धारा 3, जनवरी, 1965 के 26 वें दिन को प्रवृत्त होगी और इस अधिनियम के शेष उपबन्ध उस तारीख को प्रवृत्त होंगे जिसे केंद्रीय सरकार, शासकीय राजपत्र में अधिसूचना द्वारा नियत करे और इस अधिनियम के विभिन्न उपबन्धों के लिए विभिन्न तारीखें नियत की जा सकेंगी।

2. परिभाषाएँ–इस अधिनियम में जब तक कि संदर्भ से अन्यथा अपेक्षित न हो,

(क) 'नियत दिन' से, धारा 3 के सम्बन्ध में, जनवरी, 1965 का 26वाँ दिन

अभिप्रेत है और इस अधिनियम के किसी अन्य उपबन्ध के संबंध में वह दिन अभिप्रेत है जिस दिन को वह उपबन्ध प्रवृत्त होता है,

(ख) 'हिंदी' से वह हिंदी अभिप्रेत है जिसकी लिपि देवनागरी है।

3. संघ के राजकीय प्रयोजनों के लिए और संसद में प्रयोग के लिए अंग्रेजी भाषा का रहना–

(1) संविधान के प्रारम्भ से पन्द्रह वर्ष की कालावधि की समाप्ति हो जाने पर भी, हिंदी के अतिरिक्त अंग्रेजी भाषा, नियत दिन से ही,

(क) संघ के उन सब राजकीय प्रयोजनों के लिए जिनके लिए वह उस दिन से ठीक पहले प्रयोग में लाई जाती थी; तथा

(ख) संसद में कार्य के संव्यवहार के लिए प्रयोग में लाई जाती रह सकेगी–

परंतु संघ और किसी ऐसे राज्य के बीच, जिसने हिंदी को अपनी राजभाषा के रूप में नहीं अपनाया है, पत्रादि के प्रयोजनों के लिए अंग्रेजी भाषा प्रयोग में लाई जाएगी :

परंतु यह और कि जहाँ किसी ऐसे राज्य के, जिसने हिंदी को अपनी राजभाषा के रूप में अपनाया है और किसी अन्य राज्य के, जिसने हिंदी को अपनी राजभाषा के रूप में नहीं अपनाया है, बीच पत्रादि के प्रयोजनों के लिए हिंदी को प्रयोग में लाया जाता है, वहाँ हिंदी में ऐसे पत्रादि के साथ-साथ उसका अनुवाद अंग्रेजी भाषा में भेजा जाएगा–

परंतु यह और भी कि इस उपधारा की किसी भी बात का यह अर्थ नहीं लगाया जाएगा कि वह किसी ऐसे राज्य को, जिसने हिंदी को अपनी राजभाषा के रूप में नहीं अपनाया है, संघ के साथ या किसी ऐसे राज्य के साथ, जिसने हिंदी को अपनी राजभाषा के रूप में अपनाया है, या किसी अन्य राज्य के साथ, उसकी सहमति से, पत्रादि के प्रयोजनों के लिए हिंदी को प्रयोग में लाने से निवारित करती है, और ऐसे किसी मामले में उस राज्य के साथ पत्रादि के प्रयोजनों के लिए अंग्रेजी भाषा का प्रयोग बाध्यकर न होगा।

(2) उपधारा (1) में अंतर्विष्ट किसी बात के होते हुए भी, जहाँ पत्रादि के प्रयोजनों के लिए हिंदी या अंग्रेजी भाषा-

(i) केंद्रीय सरकार के एक मंत्रालय या विभाग या कार्यालय के और दूसरे मंत्रालय या विभाग या कार्यालय के बीच;

(ii) केंद्रीय सरकार के एक मंत्रालय या विभाग या कार्यालय के और केंद्रीय सरकार के स्वामित्व में के या नियंत्रण में के किसी निगम या कम्पनी या उसके किसी कार्यालय के बीच;

(iii) केंद्रीय सरकार के स्वामित्व में के या नियंत्रण में के किसी निगम या

कम्पनी या उसके किसी कार्यालय के और किसी अन्य ऐसे निगम या कम्पनी या कार्यालय के बीच;

प्रयोग में लाई जाती है वहाँ उस तारीख तक, जब तक पूर्वोक्त संबंधित मंत्रालय, विभाग, कार्यालय या विभाग या कम्पनी का कर्मचारीवृंद हिंदी का कार्यसाधक ज्ञान प्राप्त नहीं कर लेता, ऐसे पत्रादि का अनुवाद, यथास्थिति, अंग्रेजी भाषा या हिंदी में भी दिया जाएगा।

(3) उपधारा (1) में अन्तर्विष्ट किसी बात के होते हुए भी हिंदी और अंग्रेजी भाषा दोनों ही--

(i) संकल्पों, साधारण आदेशों, नियमों, अधिसूचनाओं, प्रशासनिक या अन्य प्रतिवेदनों या प्रेस विज्ञप्तियों के लिए, जो केंद्रीय सरकार द्वारा या उसके किसी मंत्रालय, विभाग या कार्यालय द्वारा या केंद्रीय सरकार के स्वामित्व में के या नियंत्रण में के किसी निगम या कम्पनी द्वारा या ऐसे निगम या कम्पनी के किसी कार्यालय द्वारा निकाले जाते हैं या किए जाते हैं;

(ii) संसद के किसी सदन या सदनों के समक्ष रखे गए प्रशासनिक तथा अन्य प्रतिवेदनों और राजकीय कागज-पत्रों के लिए;

(iii) केंद्रीय सरकार या उसके किसी मंत्रालय, विभाग या कार्यालय द्वारा या उसकी ओर से या केंद्रीय सरकार के स्वामित्व में के या नियंत्रण में के किसी निगम या कम्पनी द्वारा या ऐसे निगम या कम्पनी के किसी कार्यालय द्वारा निष्पादित संविदाओं और करारों के लिए तथा निकाली गई अनुज्ञप्तियों, अनुज्ञापत्रों, सूचनाओं और निविदा-प्रारूपों के लिए, प्रयोग में लाई जाएगी।

(4) उपधारा (1) या उपधारा (2) या उपधारा (3) के उपबन्धों पर प्रतिकूल प्रभाव डाले बिना यह है कि केंद्रीय सरकार धारा 8 के अधीन बनाए गए नियमों द्वारा उस भाषा या उन भाषाओं का उपबन्ध कर सकेगी जिसे या जिन्हें संघ के राजकीय प्रयोजन के लिए, जिसके अन्तर्गत किसी मंत्रालय, विभाग, अनुभाग या कार्यालय का कार्यकरण है, प्रयोग में लाया जाना है और ऐसे नियम बनाने में राजकीय कार्य के शीघ्रता और दक्षता के साथ निपटारे का तथा जन साधारण के हितों का सम्यक ध्यान रखा जाएगा और इस प्रकार बनाए गए नियम विशिष्टतया यह सुनिश्चित करेंगे कि जो व्यक्ति संघ के कार्यकलाप के संबंध में सेवा कर रहे हैं और जो या तो हिंदी में या अंग्रेजी भाषा में प्रवीण हैं वे प्रभावी रूप से अपना काम कर सकें और यह भी कि केवल इस आधार पर कि वे दोनों ही भाषाओं में प्रवीण नहीं हैं उनका कोई अहित नहीं होता है।

(5) उपधारा (1) के खंड (क) के उपबन्ध और उपधारा (2), उपधारा (3) और उपधारा (4), के उपबन्ध तब तक प्रवृत्त बने रहेंगे जब तक उनमें वर्णित प्रयोजनों के लिए अंग्रेजी भाषा का प्रयोग समाप्त कर देने के लिए ऐसे सभी राज्यों के विधान

मण्डलों द्वारा, जिन्होंने हिंदी को अपनी राजभाषा के रूप में नहीं अपनाया है, संकल्प पारित नहीं कर दिए जाते और जब तक पूर्वोक्त संकल्पों पर विचार कर लेने के पश्चात् ऐसी समाप्ति के लिए संसद के हर एक सदन द्वारा संकल्प पारित नहीं कर दिया जाता।

4. राजभाषा के सम्बन्ध में समिति -

(1) जिस तारीख को धारा 3 प्रवृत्त होती है उससे दस वर्ष की समाप्ति के पश्चात्, राजभाषा के सम्बन्ध में एक समिति, इस विषय का संकल्प संसद के किसी भी सदन में राष्ट्रपति की पूर्व मंजूरी से प्रस्तावित और दोनों सदनों द्वारा पारित किए जाने पर, गठित की जाएगी।

(2) इस समिति में तीस सदस्य होंगे जिनमें से बीस लोक सभा के सदस्य होंगे तथा दस राज्य सभा के सदस्य होंगे, जो क्रमशः लोक सभा के सदस्यों तथा राज्य सभा के सदस्यों द्वारा आनुपातिक प्रतिनिधित्व पद्धति के अनुसार एकल संक्रमणीय मत द्वारा निर्वाचित होंगे।

(3) इस समिति का कर्तव्य होगा कि वह संघ के राजकीय प्रयोजनों के लिए हिंदी के प्रयोग में की गई प्रगति का पुनर्विलोकन करें और उस पर सिफारिशें करते हुए राष्ट्रपति को प्रतिवेदन करें और राष्ट्रपति उस प्रतिवेदन को संसद के हर एक सदन के समक्ष रखवाएगा और सभी राज्य सरकारों को भिजवाएगा।

(4) राष्ट्रपति उपधारा (3) में निर्दिष्ट प्रतिवेदन पर और उस पर राज्य सरकारों ने यदि कोई मत अभिव्यक्त किए हों तो उन पर विचार करने के पश्चात् उस समस्त प्रतिवेदन के या उसके किसी भाग के अनुसार निर्देश निकाल सकेगा :

परंतु इस प्रकार निकाले गए निर्देश धारा 3 के उपबन्धों से असंगत नहीं होंगे।

5. केंद्रीय अधिनियमों आदि का प्राधिकृत हिंदी अनुवाद–

(1) नियत दिन को और उसके पश्चात् शासकीय राजपत्र में राष्ट्रपति के प्राधिकार से प्रकाशित--

(क) किसी केंद्रीय अधिनियम का या राष्ट्रपति द्वारा प्रख्यापित किसी अध्यादेश का, अथवा

(ख) संविधान के अधीन या किसी केंद्रीय अधिनियम के अधीन निकाले गए किसी आदेश, नियम, विनियम या उपविधि का हिंदी में अनुवाद उसका हिंदी में प्राधिकृत पाठ समझा जाएगा।

(2) नियत दिन से ही उन सब विधेयकों के, जो संसद के किसी भी सदन में पुरःस्थापित किए जाने हों और उन सब संशोधनों के, जो उनके संबंध में संसद के किसी भी सदन में प्रस्तावित किए जाने हों, अंग्रेजी भाषा के प्राधिकृत पाठ के

साथ-साथ उनका हिंदी में अनुवाद भी होगा जो ऐसी रीति से प्राधिकृत किया जाएगा, जो इस अधिनियम के अधीन बनाए गए नियमों द्वारा विहित की जाए।

6. कतिपय दशाओं में राज्य अधिनियमों का प्राधिकृत हिंदी अनुवाद-

जहाँ किसी राज्य के विधानमण्डल ने उस राज्य के विधानमण्डल द्वारा पारित अधिनियमों में अथवा उस राज्य के राज्यपाल द्वारा प्रख्यापित अध्यादेशों में प्रयोग के लिए हिंदी से भिन्न कोई भाषा विहित की है वहाँ, संविधान के अनुच्छेद 348 के खंड (3) द्वारा अपेक्षित अंग्रेजी भाषा में उसके अनुवाद के अतिरिक्त, उसका हिंदी में अनुवाद उस राज्य के शासकीय राजपत्र में, उस राज्य के राज्यपाल के प्राधिकार से, नियत दिन को या उसके पश्चात् प्रकाशित किया जा सकेगा और ऐसी दशा में ऐसे किसी अधिनियम या अध्यादेश का हिंदी में अनुवाद हिंदी भाषा में उसका प्राधिकृत पाठ समझा जाएगा।

7. उच्च न्यायालयों के निर्णयों आदि में हिंदी या अन्य राजभाषा का वैकल्पिक प्रयोग-

नियत दिन से ही या तत्पश्चात् किसी भी दिन से किसी राज्य का राज्यपाल, राष्ट्रपति की पूर्व सम्मति से, अंग्रेजी भाषा के अतिरिक्त हिंदी या उस राज्य की राजभाषा का प्रयोग, उस राज्य के उच्च न्यायालय द्वारा पारित या दिए गए किसी निर्णय, डिक्री या आदेश के प्रयोजनों के लिए प्राधिकृत कर सकेगा और जहाँ कोई निर्णय, डिक्री या आदेश (अंग्रेजी भाषा से भिन्न) ऐसी किसी भाषा में पारित किया या दिया जाता है वहाँ उसके साथ-साथ उच्च न्यायालय के प्राधिकार से निकाला गया अंग्रेजी भाषा में उसका अनुवाद भी होगा।

8. नियम बनाने की शक्ति -

(1) केंद्रीय सरकार इस अधिनियम के प्रयोजनों को कार्यान्वित करने के लिए नियम, शासकीय राजपत्र में अधिसूचना द्वारा, बना सकेगी।

(2) इस धारा के अधीन बनाया गया हर नियम, बनाए जाने के पश्चात् यथाशीघ्र, संसद के हर एक सदन के समक्ष, जब वह सत्र में हो, कुल तीस दिन की अवधि के लिए रखा जाएगा। वह अवधि एक सत्र में, अथवा दो या अधिक आनुक्रमिक सत्रों में पूरी हो सकेगी। यदि उस सत्र के या पूर्वोक्त आनुक्रमिक सत्रों के ठीक बाद के सत्र के अवसान के पूर्व दोनों सदन उस नियम में कोई परिवर्तन करने के लिए सहमत हो जाएँ तो तत्पश्चात् वह ऐसे परिवर्तित रुप में ही प्रभावी होगा। यदि उक्त अवसान के पूर्व दोनों सदन सहमत हो जाएँ कि वह नियम नहीं बनाया जाना चाहिए तो तत्पश्चात् यह निस्प्रभाव हो जाएगा। किंतु नियम के ऐसे

परिवर्तित या निस्प्रभाव होने से उसके अधीन पहले की गई किसी बात की विधिमान्यता पर प्रतिकूल प्रभाव नहीं पड़ेगा।

9. कतिपय उपबन्धों का जम्मू-कश्मीर को लागू न होना-

धारा 6 और धारा 7 के उपबन्ध जम्मू-कश्मीर राज्य को लागू न होंगे।

राजभाषा संकल्प,1968

संसद के दोनों सदनों द्वारा पारित निम्नलिखित सरकारी संकल्प आम जानकारी के लिए प्रकाशित किया जाता है -

संकल्प

"जबकि संविधान के अनुच्छेद 343 के अनुसार संघ की राजभाषा हिंदी रहेगी और उसके अनुच्छेद 351 के अनुसार हिंदी भाषा का प्रसार, वृद्धि करना और उसका विकास करना ताकि वह भारत की सामासिक संस्कृति के सब तत्त्वों की अभिव्यक्ति का माध्यम हो सके, संघ का कर्तव्य है :

यह सभा संकल्प करती है कि हिंदी के प्रसार एवं विकास की गति बढ़ाने के हेतु तथा संघ के विभिन्न राजकीय प्रयोजनों के लिए उत्तरोत्तर इसके प्रयोग हेतु भारत सरकार द्वारा एक अधिक गहन एवं व्यापक कार्यक्रम तैयार किया जाएगा और उसे कार्यान्वित किया जाएगा और किए जाने वाले उपायों एवं की जाने वाली प्रगति की विस्तृत वार्षिक मूल्यांकन रिपोर्ट संसद की दोनों सभाओं के पटल पर रखी जाएगी और सब राज्य सरकारों को भेजी जाएगी।

2. जबकि संविधान की आठवीं अनुसूची में हिंदी के अतिरिक्त भारत की 21 मुख्य भाषाओं का उल्लेख किया गया है , और देश की शैक्षणिक एवं सांस्कृतिक उन्नति के लिए यह आवश्यक है कि इन भाषाओं के पूर्ण विकास हेतु सामूहिक उपाय किए जाने चाहिए :

यह सभा संकल्प करती है कि हिंदी के साथ-साथ इन सब भाषाओं के समन्वित विकास हेतु भारत सरकार द्वारा राज्य सरकारों के सहयोग से एक कार्यक्रम तैयार किया जाएगा और उसे कार्यान्वित किया जाएगा ताकि वे शीघ्र समृद्ध हों और आधुनिक ज्ञान के संचार का प्रभावी माध्यम बनें।

3. जबकि एकता की भावना के संवर्धन तथा देश के विभिन्न भागों में जनता में संचार की सुविधा हेतु यह आवश्यक है कि भारत सरकार द्वारा राज्य सरकारों के परामर्श से तैयार किए गए त्रि-भाषा सूत्र को सभी राज्यों में पूर्णतः कार्यान्वित करने के लिए प्रभावी किया जाना चाहिए :

यह सभा संकल्प करती है कि हिंदी भाषी क्षेत्रों में हिंदी तथा अंग्रेजी के अतिरिक्त

एक आधुनिक भारतीय भाषा के, दक्षिण भारत की भाषाओं में से किसी एक को तरजीह देते हुए, और अहिंदी भाषी क्षेत्रों में प्रादेशिक भाषाओं एवं अंग्रेजी के साथ साथ हिंदी के अध्ययन के लिए उस सूत्र के अनुसार प्रबन्ध किया जाना चाहिए।

4. और जबकि यह सुनिश्चित करना आवश्यक है कि संघ की लोक सेवाओं के विषय में देश के विभिन्न भागों के लोगों के न्यायोचित दावों और हितों का पूर्ण परित्राण किया जाए

यह सभा संकल्प करती है कि-

(क) कि उन विशेष सेवाओं अथवा पदों को छोड़कर जिनके लिए ऐसी किसी सेवा अथवा पद के कर्तव्यों के संतोषजनक निष्पादन हेतु केवल अंग्रेजी अथवा केवल हिंदी अथवा दोनों जैसी कि स्थिति हो, का उच्च स्तर का ज्ञान आवश्यक समझा जाए, संघ सेवाओं अथवा पदों के लिए भर्ती करने हेतु उम्मीदवारों के चयन के समय हिंदी अथवा अंग्रेजी में से किसी एक का ज्ञान अनिवार्यतः होगा और

(ख) कि परीक्षाओं की भावी योजना, प्रक्रिया संबंधी पहलुओं एवं समय के विषय में संघ लोक सेवा आयोग के विचार जानने के पश्चात् अखिल भारतीय एवं उच्चतर केंद्रीय सेवाओं संबंधी परीक्षाओं के लिए संविधान की आठवीं अनुसूची में सम्मिलित सभी भाषाओं तथा अंग्रेजी को वैकल्पिक माध्यम के रूप में रखने की अनुमति होगी।"

राजभाषा (संघ के शासकीय प्रयोजनों के लिए प्रयोग) नियम,1976 (यथा संशोधित, 1987)

राजभाषा अधिनियम, 1963 (1963 का 19) की धारा 3 की उपधारा (4) के साथ पठित धारा 8 द्वारा प्रदत्त शक्तियों का प्रयोग करते हुए, केंद्रीय सरकार निम्नलिखित नियम बनाती है, अर्थात :-

1. संक्षिप्त नाम, विस्तार और प्रारम्भ--

(क) इन नियमों का संक्षिप्त नाम राजभाषा (संघ के शासकीय प्रयोजनों के लिए प्रयोग) नियम, 1976 है।

(ख) इनका विस्तार, तमिलनाडु राज्य के सिवा सम्पूर्ण भारत पर है।

(ग) ये राजपत्र में प्रकाशन की तारीख को प्रवृत्त होंगे।

2. परिभाषाएँ-- इन नियमों में, जब तक कि संदर्भ से अन्यथा अपेक्षित न हो :-

(क) 'अधिनियम' से राजभाषा अधिनियम, 1963 (1963 का 19) अभिप्रेत है;

(ख) 'केंद्रीय सरकार के कार्यालय' के अंतर्गत निम्नलिखित भी है, अर्थात् :-

(क) केंद्रीय सरकार का कोई मंत्रालय, विभाग या कार्यालय;

(ख) केंद्रीय सरकार द्वारा नियुक्त किसी आयोग, समिति या अधिकरण का कोई कार्यालय और

(ग) केंद्रीय सरकार के स्वामित्व में या नियंत्रण के अधीन किसी निगम या कम्पनी का कोई कार्यालय;

(ग) 'कर्मचारी' से केंद्रीय सरकार के कार्यालय में नियोजित कोई व्यक्ति अभिप्रेत है;

(घ) 'अधिसूचित कार्यालय' से नियम 10 के उपनियम (4) के अधीन अधिसूचित कार्यालय, अभिप्रेत है;

(ङ) 'हिंदी में प्रवीणता' से नियम 9 में वर्णित प्रवीणता अभिप्रेत है;

(च) 'क्षेत्र क' से बिहार, हरियाणा, हिमाचल प्रदेश, मध्य प्रदेश, राजस्थान और उत्तर प्रदेश राज्य तथा अंडमान और निकोबार द्वीप समूह, दिल्ली संघ राज्य क्षेत्र अभिप्रेत है;

(छ) 'क्षेत्र ख' से गुजरात, महाराष्ट्र और पंजाब राज्य और चंडीगढ़ संघ राज्य क्षेत्र अभिप्रेत है;

(ज) 'क्षेत्र ग' से खंड (च) और (छ) में निर्दिष्ट राज्यों और संघ राज्य क्षेत्रों से भिन्न राज्य तथा संघ राज्य क्षेत्र अभिप्रेत है;

(झ) 'हिंदी का कार्यसाधक ज्ञान' से नियम 10 में वर्णित कार्यसाधक ज्ञान अभिप्रेत है।

3. राज्यों आदि और केंद्रीय सरकार के कार्यालयों से भिन्न कार्यालयों के साथ पत्रादि-

(1) केंद्रीय सरकार के कार्यालय से क्षेत्र 'क' में किसी राज्य या संघ राज्य क्षेत्र को या ऐसे राज्य या संघ राज्य क्षेत्र में किसी कार्यालय (जो केंद्रीय सरकार का कार्यालय न हो) या व्यक्ति को पत्रादि असाधारण दशाओं को छोड़कर हिंदी में होंगे और यदि उनमें से किसी को कोई पत्रादि अंग्रेजी में भेजे जाते हैं तो उनके साथ उनका हिंदी अनुवाद भी भेजा जाएगा।

(2) केंद्रीय सरकार के कार्यालय से–

(क) क्षेत्र 'ख' में किसी राज्य या संघ राज्यक्षेत्र को या ऐसे राज्य या संघ राज्य क्षेत्र में किसी कार्यालय (जो केंद्रीय सरकार का कार्यालय न हो) को पत्रादि सामान्यतया हिंदी में होंगे और यदि इनमें से किसी को कोई पत्रादि अंग्रेजी में भेजे जाते हैं तो उनके साथ उनका हिंदी अनुवाद भी भेजा जाएगा : परंतु यदि कोई ऐसा राज्य या संघ राज्य क्षेत्र यह चाहता है कि किसी विशिष्ट वर्ग या प्रवर्ग के पत्रादि

या उसके किसी कार्यालय के लिए आशयित पत्रादि संबद्ध राज्य या संघ राज्यक्षेत्र की सरकार द्वारा विनिर्दिष्ट अवधि तक अंग्रेजी या हिंदी में भेजे जाएँ और उसके साथ दूसरी भाषा में उसका अनुवाद भी भेजा जाए तो ऐसे पत्रादि उसी रीति से भेजे जाएँगे;

(ख) क्षेत्र 'ख' के किसी राज्य या संघ राज्य क्षेत्र में किसी व्यक्ति को पत्रादि हिंदी या अंग्रेजी में भेजे जा सकते हैं।

(3) केंद्रीय सरकार के कार्यालय से क्षेत्र 'ग' में किसी राज्य या संघ राज्यक्षेत्र को या ऐसे राज्य में किसी कार्यालय (जो केंद्रीय सरकार का कार्यालय न हो) या व्यक्ति को पत्रादि अंग्रेजी में होंगे।

(4) उप नियम (1) और (2) में किसी बात के होते हुए भी, क्षेत्र 'ग' में केंद्रीय सरकार के कार्यालय से क्षेत्र 'क' या 'ख' में किसी राज्य या संघ राज्यक्षेत्र को या ऐसे राज्य में किसी कार्यालय (जो केंद्रीय सरकार का कार्यालय न हो) या व्यक्ति को पत्रादि हिंदी या अंग्रेजी में हो सकते हैं। परंतु हिंदी में पत्रादि ऐसे अनुपात में होंगे जो केंद्रीय सरकार ऐसे कार्यालयों में हिंदी का कार्यसाधक ज्ञान रखने वाले व्यक्तियों की संख्या, हिंदी में पत्रादि भेजने की सुविधाओं और उससे आनुषंगिक बातों को ध्यान में रखते हुए समय-समय पर अवधारित करे।

4. केंद्रीय सरकार के कार्यालयों के बीच पत्रादि-

(क) केंद्रीय सरकार के किसी एक मंत्रालय या विभाग और किसी दूसरे मंत्रालय या विभाग के बीच पत्रादि हिंदी या अंग्रेजी में हो सकते हैं;

(ख) केंद्रीय सरकार के एक मंत्रालय या विभाग और क्षेत्र 'क' में स्थित संलग्न या अधीनस्थ कार्यालयों के बीच पत्रादि हिंदी में होंगे और ऐसे अनुपात में होंगे जो केंद्रीय सरकार, ऐसे कार्यालयों में हिंदी का कार्यसाधक ज्ञान रखने वाले व्यक्तियों की संख्या, हिंदी में पत्रादि भेजने की सुविधाओं और उससे संबंधित आनुषंगिक बातों को ध्यान में रखते हुए, समय-समय पर अवधारित करे;

(ग) क्षेत्र 'क' में स्थित केंद्रीय सरकार के ऐसे कार्यालयों के बीच, जो खंड (क) या खंड (ख) में विनिर्दिष्ट कार्यालयों से भिन्न हैं, पत्रादि हिंदी में होंगे;

(घ) क्षेत्र 'क' में स्थित केंद्रीय सरकार के कार्यालयों और क्षेत्र 'ख' या 'ग' में स्थित केंद्रीय सरकार के कार्यालयों के बीच पत्रादि हिंदी या अंग्रेजी में हो सकते हैं;

परंतु ये पत्रादि हिंदी में ऐसे अनुपात में होंगे जो केंद्रीय सरकार ऐसे कार्यालयों में हिंदी का कार्यसाधक ज्ञान रखने वाले व्यक्तियों की संख्या, हिंदी में पत्रादि भेजने की सुविधाओं और उससे आनुषंगिक बातों को ध्यान में रखते हुए समय-समय पर अवधारित करे;

(ङ) क्षेत्र 'ख' या 'ग' में स्थित केंद्रीय सरकार के कार्यालयों के बीच पत्रादि हिंदी या अंग्रेजी में हो सकते हैं;

परंतु ये पत्रादि हिंदी में ऐसे अनुपात में होंगे जो केंद्रीय सरकार ऐसे कार्यालयों में हिंदी का कार्यसाधक ज्ञान रखने वाले व्यक्तियों की संख्या, हिंदी में पत्रादि भेजने की सुविधाओं और उससे आनुषंगिक बातों को ध्यान में रखते हुए समय-समय पर अवधारित करे;

परंतु जहाँ ऐसे पत्रादि–

(i) क्षेत्र 'क' या क्षेत्र 'ख' किसी कार्यालय को संबोधित हैं वहाँ यदि आवश्यक हो तो, उनका दूसरी भाषा में अनुवाद, पत्रादि प्राप्त करने के स्थान पर किया जाएगा;

(ii) क्षेत्र 'ग' में किसी कार्यालय को संबोधित है वहाँ, उनका दूसरी भाषा में अनुवाद, उनके साथ भेजा जाएगा;

परंतु यह और कि यदि कोई पत्रादि किसी अधिसूचित कार्यालय को संबोधित है तो दूसरी भाषा में ऐसा अनुवाद उपलब्ध कराने की अपेक्षा नहीं की जाएगी।

5. हिंदी में प्राप्त पत्रादि के उत्तर–

नियम 3 और नियम 4 में किसी बात के होते हुए भी, हिंदी में पत्रादि के उत्तर केंद्रीय सरकार के कार्यालय से हिंदी में दिए जाएँगे।

6. हिंदी और अंग्रेजी दोनों का प्रयोग-

अधिनियम की धारा 3 की उपधारा (3) में निर्दिष्ट सभी दस्तावेजों के लिए हिंदी और अंग्रेजी दोनों का प्रयोग किया जाएगा और ऐसे दस्तावेजों पर हस्ताक्षर करने वाले व्यक्तियों का यह उत्तरदायित्व होगा कि वे यह सुनिश्चित कर लें कि ऐसी दस्तावेजें हिंदी और अंग्रेजी दोनों ही में तैयार की जाती हैं, निष्पादित की जाती हैं और जारी की जाती हैं।

7. आवेदन, अभ्यावेदन आदि-

(1) कोई कर्मचारी आवेदन, अपील या अभ्यावेदन हिंदी या अंग्रेजी में कर सकता है।

(2) जब उपनियम (1) में विनिर्दिष्ट कोई आवेदन, अपील या अभ्यावेदन हिंदी में किया गया हो या उस पर हिंदी में हस्ताक्षर किए गए हों, तब उसका उत्तर हिंदी में दिया जाएगा।

(3) यदि कोई कर्मचारी यह चाहता है कि सेवा संबंधी विषयों (जिनके अन्तर्गत अनुशासनिक कार्यवाहियाँ भी हैं) से संबंधित कोई आदेश या सूचना, जिसका कर्मचारी पर तामील किया।

जाना अपेक्षित है, यथास्थिति, हिंदी या अंग्रेजी में होनी चाहिए तो वह उसे असम्यक विलम्ब के बिना उसी भाषा में दी जाएगी।

8. केंद्रीय सरकार के कार्यालयों में टिप्पणों का लिखा जाना -

(1) कोई कर्मचारी किसी फाइल पर टिप्पण या कार्यवृत्त हिंदी या अंग्रेजी में लिख सकता है और उससे यह अपेक्षा नहीं की जाएगी कि वह उसका अनुवाद दूसरी भाषा में प्रस्तुत करे।

(2) केंद्रीय सरकार का कोई भी कर्मचारी, जो हिंदी का कार्यसाधक ज्ञान रखता है, हिंदी में किसी दस्तावेज के अंग्रेजी अनुवाद की माँग तभी कर सकता है, जब वह दस्तावेज विधिक या तकनीकी प्रकृति का है, अन्यथा नहीं।

(3) यदि यह प्रश्न उठता है कि कोई विशिष्ट दस्तावेज विधिक या तकनीकी प्रकृति का है या नहीं तो विभाग या कार्यालय का प्रधान उसका विनिश्चय करेगा।

(4) उपनियम (1) में किसी बात के होते हुए भी, केंद्रीय सरकार, आदेश द्वारा ऐसे अधिसूचित कार्यालयों को विनिर्दिष्ट कर सकती है जहाँ ऐसे कर्मचारियों द्वारा, जिन्हें हिंदी में प्रवीणता प्राप्त है, टिप्पण, प्रारूपण और ऐसे अन्य शासकीय प्रयोजनों के लिए, जो आदेश में विनिर्दिष्ट किए जाएँ, केवल हिंदी का प्रयोग किया जाएगा।

9. हिंदी में प्रवीणता-

यदि किसी कर्मचारी ने-

(क) मैट्रिक परीक्षा या उसकी समतुल्य या उससे उच्चतर कोई परीक्षा हिंदी के माध्यम से उत्तीर्ण कर ली है; या

(ख) स्नातक परीक्षा में अथवा स्नातक परीक्षा की समतुल्य या उससे उच्चतर किसी अन्य परीक्षा में हिंदी को एक वैकल्पिक विषय के रूप में लिया हो; या

(ग) यदि वह इन नियमों से उपाबद्ध प्ररूप में यह घोषणा करता है कि उसे हिंदी में प्रवीणता प्राप्त है;

तो उसके बारे में यह समझा जाएगा कि उसने हिंदी में प्रवीणता प्राप्त कर ली है।

10. हिंदी का कार्यसाधक ज्ञान-

(1) (क) यदि किसी कर्मचारी ने-

(i) मैट्रिक परीक्षा या उसकी समतुल्य या उससे उच्चतर परीक्षा हिंदी विषय के साथ उत्तीर्ण कर ली है; या

(ii) केंद्रीय सरकार की हिंदी परीक्षा योजना के अन्तर्गत आयोजित प्राज्ञ परीक्षा या यदि उस सरकार द्वारा किसी विशिष्ट प्रवर्ग के पदों के संबंध में उस योजना के अन्तर्गत कोई निम्नतर परीक्षा विनिर्दिष्ट है, वह परीक्षा उत्तीर्ण कर ली है; या

(iii) केंद्रीय सरकार द्वारा उस निमित्त विनिर्दिष्ट कोई अन्य परीक्षा उत्तीर्ण कर ली है; या

(ख) यदि वह इन नियमों से उपाबद्ध प्ररूप में यह घोषणा करता है कि उसने ऐसा ज्ञान प्राप्त कर लिया है;

तो उसके बारे में यह समझा जाएगा कि उसने हिंदी का कार्यसाधक ज्ञान प्राप्त कर लिया है।

(2) यदि केंद्रीय सरकार के किसी कार्यालय में कार्य करने वाले कर्मचारियों में से अस्सी प्रतिशत ने हिंदी का ऐसा ज्ञान प्राप्त कर लिया है तो उस कार्यालय के कर्मचारियों के बारे में सामान्यतया यह समझा जाएगा कि उन्होंने हिंदी का कार्यसाधक ज्ञान प्राप्त कर लिया है।

(3) केंद्रीय सरकार या केंद्रीय सरकार द्वारा इस निमित्त विनिर्दिष्ट कोई अधिकारी यह अवधारित कर सकता है कि केंद्रीय सरकार के किसी कार्यालय के कर्मचारियों ने हिंदी का कार्यसाधक ज्ञान प्राप्त कर लिया है या नहीं।

(4) केंद्रीय सरकार के जिन कार्यालयों में कर्मचारियों ने हिंदी का कार्यसाधक ज्ञान प्राप्त कर लिया है उन कार्यालयों के नाम राजपत्र में अधिसूचित किए जाएँगे;

परंतु यदि केंद्रीय सरकार की राय है कि किसी अधिसूचित कार्यालय में काम करने वाले और हिंदी का कार्यसाधक ज्ञान रखने वाले कर्मचारियों का प्रतिशत किसी तारीख में से

उपनियम (2) में विनिर्दिष्ट प्रतिशत से कम हो गया है, तो वह राजपत्र में अधिसूचना द्वारा घोषित कर सकती है कि उक्त कार्यालय उस तारीख से अधिसूचित कार्यालय नहीं रह जाएगा।

11. मैनुअल, संहिताएँ, प्रक्रिया संबंधी अन्य साहित्य, लेखन सामग्री आदि-

(1) केंद्रीय सरकार के कार्यालयों से संबंधित सभी मैनुअल, संहिताएँ और प्रक्रिया संबंधी अन्य साहित्य, हिंदी और अंग्रेजी में द्विभाषिक रूप में यथास्थिति, मुद्रित या साइक्लोस्टाइल किया जाएगा और प्रकाशित किया जाएगा।

(2) केंद्रीय सरकार के किसी कार्यालय में प्रयोग किए जाने वाले रजिस्टरों के प्ररूप और शीर्षक हिंदी और अंग्रेजी में होंगे।

(3) केंद्रीय सरकार के किसी कार्यालय में प्रयोग के लिए सभी नामपट्ट, सूचना पट्ट, पत्रशीर्ष और लिफाफों पर उत्कीर्ण लेख तथा लेखन सामग्री की अन्य मदें हिंदी और अंग्रेजी में लिखी जाएँगी, मुद्रित या उत्कीर्ण होंगी;

परंतु यदि केंद्रीय सरकार ऐसा करना आवश्यक समझती है तो वह, साधारण या विशेष आदेश द्वारा, केंद्रीय सरकार के किसी कार्यालय को इस नियम के सभी या किन्हीं उपबन्धों से छूट दे सकती है।

12. अनुपालन का उत्तरदायित्व-

(1) केंद्रीय सरकार के प्रत्येक कार्यालय के प्रशासनिक प्रधान का यह उत्तरदायित्व होगा कि वह--

(i) यह सुनिश्चित करे कि अधिनियम और इन नियमों के उपबंधों और उपनियम (2) के अधीन जारी किए गए निर्देशों का समुचित रूप से अनुपालन हो रहा है; और

(ii) इस प्रयोजन के लिए उपयुक्त और प्रभावकारी जाँच के लिए उपाय करे।

(2) केंद्रीय सरकार अधिनियम और इन नियमों के उपबन्धों के सम्यक अनुपालन के लिए अपने कर्मचारियों और कार्यालयों को समय-समय पर आवश्यक निर्देश जारी कर सकती है।

संविधान की आठवीं अनुसूची में दर्ज भाषाएँ

भारतीय संविधान की अष्टम अनुसूची में हमारे देश की 22 प्रमुख भाषाओं को सूचीबद्ध किया गया है। इनमें से अधिकांश क्षेत्रीय भाषाएँ हैं तथा अन्य किसी क्षेत्र विशेष की सीमा में बँधी न होने के कारण व्यापक भू-भाग की भाषाएँ हैं। परंतु सभी भाषाएँ एक-दूसरे से आदान-प्रदान के कारण प्रभावित हैं और संस्कृत का प्रभाव तो सब पर है ही। नीचे सभी 22 मान्यता प्राप्त भाषाओं की संक्षेप में जानकारी दी जा रही है।

1. असमिया

असमिया, बंगला व उड़िया की तरह अपभ्रंश की पूर्वी शाखा, मागधी प्राकृत से विकसित हुई है। असमिया भाषा के लिखित अभिलेख ईसा की छठीं व सातवीं शताब्दी से मिलते हैं जब कामरूप प्रदेश पर वर्मन वंश का शासन था। आज का बंगाल प्रांत भी उस समय प्राचीन कामरूप प्रदेश का हिस्सा हुआं करता था। नौवीं सदी के चर्यपद नामक बौद्ध पदों के संकलित ग्रंथ में असमिया भाषा के आरंभिक लक्षणों के दर्शन होते हैं। इसी समय से असमिया पर चीनी, तिब्बती व ऑस्ट्रोएशियन परिवार की भाषाओं का निरंतर प्रभाव पड़ता रहा।

असमिया भाषा, असमिया लिपि में लिखी जाती है, जो पूर्वी नागरी लिपि का ही एक रूप है और जिसका विकास गुप्तलिपि से माना जाता है। असमिया लिपि में लेखन की परंपरा बड़े प्राचीन समय से विद्यमान है और इसे मध्यकालीन शासकों की राजाज्ञाओं में देखा जा सकता है। वर्तमान में लिखी जाने वाली असमिया भाषा की वर्तनी अनिवार्यतः ध्वन्यानुरूप नहीं है। असमिया भाषा के दूसरे शब्द-कोश, हेमकोश में संस्कृत को आधार बनाकर वर्तनी व्यवस्था प्रस्तुत की गई है, जो वर्तमान में असमिया भाषा की मानक वर्तनी के तौर पर व्यवहार में है।

असमिया भाषा के बोलने वाले मुख्यतः भारत, बंगलादेश एवं भूटान में हैं, जिनकी संख्या लगभग डेढ़ करोड़ के आस-पास मानी गई है और प्रयोक्ताओं की दृष्टि से इसे विश्वभाषाओं में 52 वाँ स्थान है।

आठवीं से बारहवीं सदी के दौरान रचे गये बौद्ध चर्यपदों में इसके आरंभिक लक्षणों के पश्चात चौदहवीं शताब्दी के दरबारी कवियों की रचनाओं में इसके लेखन

के स्पष्ट उदाहरण मिलते हैं जिनमें माधव कंडाली रचित कोथा रामायण एवं ओजपाली नामक गीतिका प्रमुख हैं। हेमा सरस्वती द्वारा राजा इन्द्रनारायण के शासन काल में सन् 1350-1365 में रचित प्रह्लाद चरित्र नामक लघु काव्य की रचना भी उल्लेखनीय है। सोलहवीं एवं सतरहवीं सदी में असमिया में वैष्णव साहित्य के प्रादुर्भाव की पूर्व-पीठिका बना। असमिया भाषा के साहित्यकारों में ज्ञानपीठ से सम्मानित इन्दिरा गोस्वामी सहित हेमचन्द्र बरुआ, लक्ष्मीनाथ सैकिया, फणि शर्मा, होमेन बोगोहैन, पद्मनाथ गोहेन बरुआ, ज्योति प्रसाद अग्रवाल आदि का नाम विशेष रूप से उल्लेखनीय है।

2. उड़िया

उड़िया भाषा भारत के उड़ीसा प्रांत में बोली जाती है साथ ही साथ पश्चिम बंगाल के मेदिनिपुर जिले में तथा झारखंड में भी इस भाषा के बोलने वाले पाए जाते हैं।

ऐसा माना जाता है कि लगभग 1500 वर्ष पूर्व इस भाषा का जन्म प्राकृत या पूर्व मागधी से हुआ। यह भाषा बंगला, मैथिली तथा असमिया जैसे आधुनिक भाषाओं से काफी मेल खाती है। उड़िया भाषा के समृद्ध साहित्य का उद्भव तेरहवें दशक में हुआ। समूचे उड़िया साहित्य के इतिहास को पाँच युगों में विभाजित किया जा सकता है जैसे प्राचीन कालीन, पूर्व मध्यकालीन, मध्यकालीन, पाश्चात्य मध्यकालीन एवं आधुनिक कालीन।

सन् 1700 से प्रारंभ काल को जगन्नाथ दासा युग के नाम से जाना जाता है। इस युग का प्रारंभ वैष्णव धर्म से प्रभावित श्री चैतन्य की कृतियों से हुआ जिससे उड़िया साहित्य में क्रांति उत्पन्न हुई।

इस युग के साहित्यकारों ने मूलतः संस्कृत भाषा की कृतियों का अनुवाद या अनुकरण किया। शिशु शंकर दासा की 'उषाभिलासा', देव दुर्लभ दास की 'रहस्य मंजरी' तथा कार्तिक दास की 'रुकमिणी-विभा' इस युग की प्रमुख कृतियाँ मानी जाती हैं। रामचंद्र पट्टनायक की 'हीरावली' से काव्य रूपी उपन्यास शैली का उद्भव हुआ। चौदहवें दशक में जन्म लेने वाले सरला दास 'उड़िया भाषा के व्यास' के रूप में माने जाते हैं। उन्होंने उड़िया भाषा में महाभारत का अनुवाद किया। मूलतः इस भाषा का विकास प्राचीन संस्कृत ग्रंथों जैसे महाभारत, रामायण एवं श्रीमद्भागवत का श्री जगन्नाथ दास के द्वारा उड़िया में अनुवाद के साथ हुआ, साथ ही इस भाषा को एक स्थायी रूप मिला। साथ ही इस भाषा की लिपि को एक रूप मिली।

भक्ति काव्य को प्रचलित करने में उपेन्द्र भांजा एवं कवि सूर्य बालदेव रथ का प्रमुख योगदान रहा। उड़िया भाषा उड़िया लिपि में लिखी जाती है जो कि बंगला के प्राचीन रूप से विकसित हुई। ब्राह्मी के पुरातन रूप कलिंग लिपि से भी इसका विकास माना जाता है।

3. उर्दू

कई भारतीय भाषाओं की तरह उर्दू एक इंडोआर्यन भाषा है जिसका विकास भारोपीय भाषिक परिवार की इंडो-इरानियन शाखा से हुआ है। दिल्ली सल्तनत एवं मुगल साम्राज्य के काल (सन् 1526-1828) के दौरान दक्षिण एशिया में अपभ्रंश पर फारसी, अरबी तथा कुछ मात्रा में तुर्की के प्रभाव से इसका प्रादुर्भाव हुआ।

उर्दू सही मायने में खड़ी बोली के रूप में अभिहित हिंदी की मानक बोली हिंदुस्तानी की ही एक मानकीकृत प्रयुक्ति है। इसका प्रयोग मुख्य तौर पर पाकिस्तान एवं भारत के अलावा बंगलादेश, सउदी अरब, यूएई, मॉरीशस, जर्मनी, अमरीका, ईरान, अफगानिस्तान, तजाकिस्तान, उज्बेकिस्तान, मालदीव, कुवैत, खतर, बहरीन, दक्षिण अफ्रीका, ओमान, कनाडा, फिजी, कीनिया, लीबिया, बोत्सवाना एवं ब्रिटेन में भी होता है। 8 करोड़ मूल उर्दू भाषियों सहित विश्व में लगभग 16 करोड़ से अधिक लोगों द्वारा इसका प्रयोग किया जाता है। उर्दू के 8 करोड़ मूल भाषा भाषियों की संख्यात्मक दृष्टि से विश्व की भाषाओं में इतालवी एवं तुर्की के साथ बराबरी रखते हुए इसका 20वाँ स्थान है। अल्लामा इकबाल एक दार्शनिक चिंतक और उर्दू भाषा के आला दर्जे के शायर थे। "सारे जहाँ से अच्छा हिंदूस्ताँ हमारा" के रचयिता अल्लामा इकबाल हैं।

हिंदुस्तानी की एक अन्य मानक प्रयुक्ति अर्थात् हिंदी के साथ इसका मुख्य भेद दो बातों में है, पहला भेद शब्दावली स्रोत के रूप में है अर्थात् उर्दू की शब्दावली मुख्यतः अरबी-फारसी से ली गई है जबकि हिंदी की शब्दावली संस्कृत से आती है तथा दूसरा भेद लिपि संबंधी है।

भारतीय संविधान की अष्टम अनुसूची में शामिल राष्ट्रभाषाओं में उर्दू भाषा को संविधान लागू होने के समय से ही रखा गया है। भारत में उत्तर प्रदेश सहित बिहार, आंध्र प्रदेश, जम्मू कश्मीर, दिल्ली राज्यों ने इसे राज्य की दूसरी अथवा तीसरी राजभाषा का दर्जा भी दिया है।

उर्दू भाषा में साहित्य सृजन की बड़ी समृद्ध परंपरा रही है। सूफियों से लेकर सुल्तानों तक सभी ने इस भाषा में कालजयी साहित्य का सृजन किया। गालिब, मीर, जौक, दाग, मोमिन, बहादुरशाह जफर, अब्दुल रहीम, खान-इ-खाना एवं इकबाल का नाम कौन नहीं जानता। वहीं दूसरी और भारतीय फिल्म संगीत के शब्द प्राण साहिर लुधियानवी, हसरत जयपुरी, शकील बदायुँनी, जिगर मुरादाबादी, मजरूह सुल्तानपुरी, जोश मलीहाबादी, अकबर इलाहाबादी, गुलजार, निदा फाजली, जावेद अख्तर आदि द्वारा रचित गीत किसकी जुबाँ पर नहीं है। इसके अलावा उर्दू रचनाकारों की लंबी फेहरिस्त में फिराक गोरखपुरी, फ़ैज़ अहमद फ़ैज़, शान-उल-हक हक्की, हसन आबिदी, इब्न-ए-ईशा, खालिद इरफान, फरमान फतहपुरी, अल्ताफ गौह, गुलाम मुस्तफा खान, सैयद वकार अहमद रिजवी, गुलाम मुहम्मद कासिर, ख्वाजा रियाजुद्दीन

अतश, पागलस आदिलाबादी, परवीन शाकिर, मुस्तफा ज़ैदी, नज़ीर अकबराबादी आदि नाम उल्लेखनीय हैं।

4. कन्नड़

कन्नड़ शब्द कर्न + आडु = से बना है। यानी की काली मिट्टी का क्षेत्र कन्नड़ या कनारा कहलाया।

कन्नड़ भाषा को कस्तूरी भाषा भी कहा जाता है। कन्नड़ भाषा लगभग 2500 वर्ष पुरानी है। यह भाषा द्रविड़ भाषा परिवार की एक प्रमुख भाषा है। इस भाषा की अपनी अलग लिपि है। कोडया, तुलु, कोंकणी भाषाओं ने भी कन्नड़ लिपि को अपनायी है। ऐसा माना जाता है कि तेलुगु और कन्नड़ लिपि का उदगम एक ही स्रोत से हुआ है। हमारे संविधान द्वारा मान्यता प्राप्त भाषाओं में कन्नड़ भी एक है। विश्व में बोली जाने वाली भाषाओं में कन्नड़ का स्थान 27 वाँ है। यह कर्नाटक प्रान्त की राजभाषा एवं आम बोलचाल की भाषा है।

5. गुजराती

गुजराती का विकास शौरसेनी अपभ्रंश से हुआ। शौरसेन यानी शूरसेन, शूरसेन मथुरा का राजा था। मथुरा के आसपास की जो भाषा थी व शौर सेनी थी। शौरसेनी से ही हिंदी का विकास हुआ और शौरसेनी से ही गुर्जर अपभ्रंश होते हुए गुजराती का विकास हुआ। गुजराती का एक उप अपभ्रंश नागर भी होता है। गुजराती पूरे गुजरात प्रांत तथा दादरानगर हवेली एवं दमण दीव केंद्र प्रशासित प्रांतों की भी भाषा है। बारहवीं शताब्दी के बाद से गुजराती का साहित्य मिलना प्रारंभ होता है।

नरसी मेहता, प्रेमानंद, सामल भट्ट, रेवा शंकर जैसे गुजराती के प्राचीन साहित्यकार हैं। कन्हैयालाल, माणिकलाल मुंशी, काका कालेकर, उमाशंकर जोशी, भोलाभाई पटेल, रमेश शाह, आधुनिक साहित्यकार हैं। गुजराती लिपि का विकास भी देवनागरी से ही हुआ प्रतीत होता है।

6. सिंधी

सिंधी की उत्पति ब्राचड से हुई है। सिंधी के बोलने वाले पाकिस्तान के सिंध प्रांत के हैं तथा भारत में अधिकांश सिंधी गुजरात में रहते हैं। गुजरात का भुज क्षेत्र सिंधी बहुल है। गांधीधाम के पास आदिपुर है जो कि सिंधियों का पवित्र नगर माना जा रहा है। सिंधी चाहे कहीं भी रह रहे हों लेकिन उसका एक घर आदिपुर में जरूर होगा। मुंबई, दिल्ली, अजमेर व इंदौर में काफी संख्या में सिंधी रहते हैं। सिंधी की अपनी लिपि लंडा है लेकिन गुरुमुखी का भी प्रयोग होता है। शाह लतीफ का रिशालो सिंधी का प्रसिद्ध ग्रंथ है। इस भाषा के बोलने वालों की संख्या 50 लाख के करीब है।

7. पंजाबी

पंजाबी की उत्पत्ति कैकय अपभ्रंश से हुई है लेकिन समीपता के कारण शौरसेनी का भी प्रभाव है। कुछ भाषाविद टक्क से मानते हैं इसकी उत्पत्ति, जो ज्यादा ठीक लगती है। पंजाबी का अर्थ है पाँच नदियों का देश। सतलेज, रावी, व्यास, चिनाव व झेलम है। पाकिस्तान में भी पंजाबी बोलने वालों की काफी संख्या है। पंजाब के अलावा जम्मू, हिमाचल प्रदेश, व राजस्थान, हरियाणा के सीमावर्ती जिलों में बोली जाती है पंजाबी, इसकी लिपि गुरुमुखी है जो कि देवनागरी से ही विकसित है। गुरुग्रंथ साहिब पंजाबी का महत्त्वपूर्ण ग्रंथ है। पंजाबी बोलने वालों की संख्या लगभग 1 करोड़ 70 लाख है।

8. मराठी

मराठी का विकास महाराष्ट्र अपभ्रंश से हुआ। देवनागरी लिपि ही मराठी की लिपि है। टकसाली, कोंकणी और हवा की इसकी बोलियाँ हैं। मराठी में तत्सम व तद्भव शब्दों की बहुलता है। लगभग 5 करोड़ लोगों की यह भाषा है। नामदेव व ज्ञानेश्वर उल्लेखनीय कवि रहे हैं।

9. बंगला

बंगला की उत्पत्ति भी मागधी से हुई है। पश्चिम बंगाल व बंगलादेश की यह प्रमुख भाषा है। बंगला का आधुनिक साहित्य बड़ा ही समृद्ध है। रवीन्द्रनाथ टैगोर, काजी नजरूल इस्लाम इसके प्रमुख कवि हैं। विमलमित्र, शरतचंद्र, प्रख्यात कथाकार हैं। इसकी अपनी स्वतंत्र लिपि है जो कि देवनागरी से मिलती जुलती है।

10. संस्कृत

संस्कृत का विकास वैदिक संस्कृत से ईसा से लगभग 800 वर्ष पूर्व हुआ। एक काल में एक भाषा के दो रूप हुआ करते हैं। साहित्य की भाषा यानी शिष्ट भाषा और लोकभाषा यानी अपभ्रंश भाषा जब वैदिक संस्कृत साहित्य की भाषा थी और इस भाषा को ईसा से 1500 वर्ष पूर्व आर्य अपने साथ लाए थे। उस समय आम जनता की भाषा संस्कृत थी। आर्यों का जब द्रविड़ लोगों में संपर्क हुआ था। जब द्रविड़ लोगों से संपर्क हुआ तो वैदिक संस्कृत का द्रविड़ परिवार का भाषाओं का प्रभाव पड़ा।

अतः संस्कृत का एक स्थाई रूप बन गया। इस काल में महर्षि वाल्मीकि व महर्षि वेदव्यास का जन्म हुआ और दोनों ने अपने काव्य के लिए संस्कृत को ही चुना। और संस्कृत साहित्य को रामायण व श्रीमद्‌भागवत गीता जैसे महाकाव्य दिए। कालांतर में उत्तर भारत की लगभग सभी भाषाएँ संस्कृत से जन्मी। इस तरह संस्कृत एक आधार भूत भाषा है।

11. हिंदी

शब्द हिंदी का विकास सिंधु से माना गया है जब सिंधु शब्द यूनान पहुँची तो वहाँ यूनानी में स को इ तथा ध को ड उच्चारित करते हैं। इस तरह यह शब्द इंडु बन गया। इंडु से ही इंडसवैली (सिंधु घाटी की सभ्यता) बनी। इंडु से इंडीक(भारत का) इंडीक से इंडिका तथा इंडिका से इंडिया बना 'इंडिका' मैगस्थनीज ने एक पुस्तक लिखी थी जो तत्कालीन भारत की विस्तृत जानकारी देती थी और आज टाटा की विशुद्ध भारतीय गाड़ी 'इंडिका' भी है। उधर जब मुगल हमारे यहाँ आए तो सिंधु शब्द अरब देश पहुँचा। फारसी में स को ह और ध को द उच्चारित करते हैं इस तरह यह शब्द बन गया हिंदु और हिंदु से हिंदुस्तान और हिंदु से हिंदी शब्द बना तो तात्पर्य यह है कि इंडिया और हिंदुस्तान दोनों शब्द सिंधु शब्द से बने हैं। यह कहना कि हिंदुस्तान हिंदी शब्द है और इंडिया शब्द अंग्रेजी है, गलत है।

भारत : इंडिया और हिंदुस्तान दोनों से संविधान में भारत दैट इज इंडिया कहा गया है। भारत के बारे में निम्नमत है। कोई कहता है कि दुष्यंत और शकुन्तला के पुत्र चक्रवर्ती राजा भरत के नाम पर देश का नाम भारत पड़ा। लेकिन यह केवल मिथक है, पौराणिक है, ऐतिहासिक नहीं है। इतिहास में भरत जैसे किसी राजा का नाम उल्लेख में नहीं आता। फिर भारत कहाँ से आया यह प्रश्न है? भारत आया आर्यावर्त से, प्राचीन ग्रंथों में भारत का नाम आर्यावर्त यानी आर्यवर्त यानी आर्यों का स्थल मिलता है। शब्द वर्त का भर्त हुआ जिसे अंग्रेजी में BHARAT लिखा गया और शब्द भारत बन गया।

हिंदी का विकास शौरसेनी अपभ्रंश से हुआ लगभग 1000 ईसवी के आसपास 'हिंदी' वैदिक संस्कृत से संस्कृत, संस्कृत से पाली, पाली से प्राकृत–अपभ्रंश होते हुए अपने वर्तमान रूप तक पहुँची।

आज 17 बोलियों ब्रज, अवधी, कन्नौजी, पहाड़ी, मेवाड़ी, मारवाड़ी , छत्तीसगढ़ी, हरियाणवी, कौरवी (खड़ी) जयपुरी, मालवी, वघेली, छत्तीसगढ़ी, अवधी, बुंदेलखंडी, भोजपुरी, मगही, निमाड़ी, आदि का मिला जुला रूप है। संविधान की आठवीं अनुसूची में दर्ज 22 भाषाओं में से एक भाषा है संविधान गत भारत संघ की राजभाषा है।

राज्यभाषा : 11 प्रांतों- हिमाचल प्रदेश, दिल्ली, (राष्ट्रीय राजधानी क्षेत्र) हरियाणा, राजस्थान, उत्तराखंड, उत्तर प्रदेश, म.प्र. छत्तीसगढ़, बिहार, झारखंड, व केंद्र शासित प्रांत अंडमान निकोबार द्वीप समूह, राज्य भाषा (राज्यों के मामले में उनकी राजभाषा है)

12. कोंकणी

कोंकणी का विकास कुछ भाषा विद् मराठी से ही मानते हैं और इसे भारोपीय परिवार की ही भाषा मानते हैं। कुछ भाषा विज्ञानी, क्योंकि इसका क्षेत्र कर्नाटक व

गोआ में है अतः इसे द्रविड़ परिवार की भाषा मानते हैं। कोंकणी का क्षेत्र गोवा, कर्नाटक के मंगलूर, उड़पी, कुंदापुर, कनारा जिला आदि हैं। महाराष्ट्र के सीमावर्ती क्षेत्र के लोग भी कोंकणी बोलते हैं। बेलगाँव का विवाद इसी बात को लेकर है।

कोंकणी में साहित्य ज्यादा नहीं मिलता। कोंकणी की अपनी लिपि है, लोक साहित्य प्रचुरता में मिलता है।

13. तमिल

तमिल द्रविड़ परिवार की मुख्य भाषा है। भारत के मामले में यह भाषा प्राचीनतम भाषा है। वैदिक संस्कृत से भी प्राचीन क्योंकि भारत के संदर्भ में वैदिक संस्कृत का पता आर्यों के आने के साथ यानी ईसा के 1500 वर्ष पूर्व का मिलता है। जबकि आर्य जब भारत आए उस समय तमिल भारत के दक्षिणी प्रांत में बोली जाती थी। शब्द तमिल, द्रविड़ से ही विकसित हुआ है। द्रविड़ से द्रविल, द्रविल से तमिल बना। तमिल की अपनी लिपि है। सबसे कम अक्षर तमिल में ही हैं। केवल 19 अक्षरों से काम चलाते हैं तमिल भाषी। ख ग घ का काम एक ही ध्वनि क से चलाते हैं। वहाँ शब्द 'अखिला' अकिला, अगिला भी है।

प और फ का काम भी एक ही ध्वनि से चलाते हैं। तमिल साहित्य की दृष्टि से बड़ी ही समृद्ध भाषा है। पूरा तमिलनाडु तमिल का क्षेत्र है।

14. मलयालम

द्रविड़ परिवार की भाषा मलयाली, केरल प्रांत की मुख्य भाषा है। नारिकेल से केरल शब्द बना है। शब्द मलयालम 'मलय + आलम' से बना है यानी पर्वतों का देश केरल की जमीन इकसार नहीं है। छोटे छोटे पर्वतों का समूह है मलयालम। मलयाली की अपनी लिपि है। मलयाली साहित्य की दृष्टि से बड़ी ही समृद्ध भाषा है संस्कृत के शब्दों की मलयाली में प्रचुरता है।

15. तेलुगु

तेलुगु शब्द त्रिलिंगम से बना है। तीन बड़े पहाड़ों वाला देश जिसे पहले तेलंगाना भी कहते थे। पूरे आंध्रप्रदेश की भाषा तेलुगु है। तेलुगु की अपनी लिपि है। तेलुगु में उर्दू , हिंदी, व संस्कृत तीनों भाषाओं के शब्द मिल जाएँगे। तेलुगु साहित्य की दृष्टि से भरी पूरी भाषा है। इसकी अपनी लिपि है।

16. संथाली

संथाली भाषा मुंडा परिवार की एक भाषा है जो 5.8 मिलियन लोगों द्वारा बोली जाती है। विशेषतः बांगलादेश, नेपाल, भूटान तथा उडीसा के मयूरभंज जिले में, इसे

झारखंड की राजभाषा का दर्जा दिया गया है। यह ऑस्ट्रो एशियाटिक परिवार की भाषा है। जो ''हो'' और मुंडारी से संबंधित है। इस भाषा के बोलने वाले अधिकांशतः झारखंड, असम, बिहार, उड़ीसा, त्रिपुरा और पश्चिम बंगाल में हैं। इस भाषा के अपने अक्षर होते हैं। किन्तु इस भाषा की साक्षरता बहुत कम है, लगभग 10% से 30% यह भाषा संथालों द्वारा बोली जाती है।

संथाली भाषा 'ओल' लिपि में लिखी जाती है। ओल लिपि में 30 अक्षर हैं जो आसानी से सीखे जा सकते हैं। संथाली अक्षर को 'ओल' सीमेट भी कहा जाता है। इसका आविष्कार 1920 में पंडित रघुनाथ मुर्मू द्वारा किया गया। इस आविष्कार के होने तक संथाली भाषा बंगाली या उड़िया अक्षरों की सहायता से लिखी जाती थी। क्रिश्चियन मिशनरियों ने लैटिन अक्षरों के साथ संथाली भाषा का प्रयोग किया।

श्री अर्जुन चरण हेमब्रोम ने 'ओल' लिपि सहित कम्प्यूटर फॉण्ट तैयार किए हैं जिससे संथाली भाषा के विकास में काफी सहायता मिली। श्री प्रीति मुर्मू ने ओल चिकि लिपि में शॉर्टहैण्ड और टाइपराइटर का आविष्कार काफी पहले कर लिया था। संथाली भाषा को जन संचार में भी स्थान प्राप्त है। वर्तमान मे लगभग 500 लेखक इस भाषा के साहित्य सर्जन में लगे हुए हैं।

17. मैथिली

मैथिली भाषा इण्डो आर्यन परिवार की भाषा है। यह मुख्यतः बिहार राज्य में और नेपाल के पूर्वी तराई क्षेत्र में बोली जाती है। मैथिली को हिंदी और बंगला दोनों भाषाओं की बोली माना जाता है और भारत की जनगणना में तो इसे हिंदी मातृभाषा के रूप में माना गया है। वर्ष 2003 में मैथिली को भारत में एक स्वतन्त्र भाषा का स्थान दिया गया।

मैथिली को मैथिली लिपि में लिखा जाता है जिसे तिरहुता और मिथिलाक्षर भी कहा जाता है। यह लिपि बंगला भाषा की लिपि से काफी मिलती जुलती है। इसे ''कैथी'' लिपि में लिखा जाता है किन्तु अब मैथिली के लिए देवनागरी लिपि का ही प्रयोग हो रहा है। मैथिली शब्द का उद्गम मिथिला से हुआ है जो प्राचीन काल में एक अलग राज्य था। मैथिली शब्द मिथिला से बना है जो राजा जनक का राज्य था जिसका उल्लेख रामायण में मिलता है। यह एक स्वतंत्र भाषा है और इस भाषा के बोलने वालों की संख्या लगभग 4.5 करोड़ है। इस भाषा का अपना काफी समृद्ध साहित्य है।

मैथिली भाषा के सबसे सुप्रसिद्ध कवि श्री विद्यापति हैं। उन्होंने ही बिहार की सामान्य जनता की इस भाषा को अपनी साहित्य रचना की भाषा और इसे सम्मान दिलाया। अपनी कविता के जरिए दरभंगा के राजा को प्रेरित करके उन्होंने मैथिली को राजकाज की भाषा बनाया। पहले इस राज्य की राजभाषा संस्कृत थी जो सामान्य

जनता की समझ से दूर थी।

विद्यापति 1350 से 1450 की अवधि के बीच रहे। यद्यपि वे संस्कृत के विद्वान् थे किन्तु उन्होंने भक्ति और श्रृंगार रस की कविताएँ मैथिली भाषा में लिखी। उनके गीत मिथिल की आत्मा हैं। वहाँ का कोई भी उत्सव या त्यौहार विद्यापति के गीतों के बिना पूरा नहीं होता।

मिथिला के विद्वान् अपनी साहित्यिक रचनाओं के लिए संस्कृत का ही प्रयोग करते थे। मैथिली भाषा में रचना सबसे पहले 1224 ई. में 'ज्योतिश्वर ठाकुर' द्वारा रचित 'वर्ण रत्नाकर' है।

मैथिली भाषा में कविता के अतिरिक्त कई गद्य रचनाएँ भी महत्त्वपूर्ण हैं जिनमें उमापति द्वारा रचित 'पारिजात हरन' ज्योतिश्वर द्वारा रचित 'धूर्त समागम' विद्यापति द्वारा रचित 'गोरक्ष विजय', 'मणि मंजरी' रसपति का 'रुक्मिणी हरण', लाल द्वारा रचित 'गौरी स्वयंवर', मनबोध का कृष्ण जन्म महत्त्वपूर्ण रचनाएँ हैं। डॉ. हरिमोहन झा की रचना 'खातर काका के तरंग' ने आधुनिक मैथिली साहित्य को विभूषित किया है। जॉर्ज अब्राहम ग्रियर्सन जो एक आयरिश भाषा वैज्ञानिक थे, ने मैथिली भाषा के लोकगीतों पर काफी शोध किया और उसका व्याकरण तैयार कर के मैथिली भाषा को आधुनिक रूप दिया। आधुनिक मैथिली भाषा के कुछ प्रमुख साहित्यकार इस प्रकार हैं—परमेश्वर झा, सीताराम झा, चन्द्रनाथ मिश्रा अमर, प्रो हरिमोहन झा, डॉ. विनोद बिहारी वर्मा, वैद्यनाथ मिश्र यात्री, डॉ. जयकान्त मिश्रा, भोला लाल दास, अच्युतानन्द दत्त, रामनाथ झा। फणीश्वर नाथ रेणु की भाषा भी मिथिला ही रही है।

18. कश्मीरी

कश्मीरी भाषा को स्थानीय तौर पर 'कॉशुर' या 'कॉशिर जबान' कहा जाता है। यह भाषा जम्मू व कश्मीर राज्य के कश्मीर संभाग की प्रमुख भाषा है। सन् 1981 की जनगणना के अनुसार कश्मीरी मातृभाषियों की संख्या 30, 76, 398 दर्ज की गई है। वर्ष 1991 में घाटी में आतंकवाद चरम सीमा तक पहुँचने के चलते आम जनगणना न होने के कारण अद्यतन आंकड़े उपलब्ध नहीं हैं। परंतु, वर्तमान में बढ़ती हुई जनसंख्या की दर को देखते हुए अब कश्मीरी भाषा बोलने वालों की संख्या 40 लाख से अधिक आँकी गई है तथा राज्य के बाहर भारत के अन्य राज्यों एवं अन्य देशों में जा बसे लगभग 4 लाख कश्मीरियों द्वारा बोली जाती है।

कश्मीरी भाषा भारत-आर्य (इंडो आर्यन) भाषा परिवार से है। सर जार्ज अब्राहन ग्रियर्सन (1919) सहित कुछ अन्य पश्चिम विद्वानों ने कश्मीरी भाषा को 'दरद' भाषा समूह के अंतर्गत वर्गीकृत किया है, जो भारत-आर्य भाषा परिवार का एक उप-परिवार है।

इस तथ्य की पुष्टि होती है कि कश्मीरी हिंदुओं द्वारा प्रयोग में लायी जाने वाली

कश्मीरी की विशिष्ट शब्दावली संस्कृत से प्रभावित है तथा कश्मीरी मुसलमानों की कश्मीरी की विशिष्ट शब्दावली फारसी-अरबी से प्रभावित है।

ऐतिहासिक भाषा-विज्ञानियों में आम राय है कि कश्मीरी भाषा भारतीय आर्य भाषा परिवार की 'दरद' शाखा से संबंधित है। अतः माना जाता है कि कश्मीरी भाषा का 'शिना' तथा उत्तर-पश्चिमी सीमांत की कुछ अन्य भाषाओं के साथ निकट संबंध है। तथापि कश्मीरी भाषा अन्य सभी भारतीय आर्य भाषाओं से ध्वनि, रूप एवं वाक्य-विन्यास की कुछ विशेषताओं के कारण भिन्नता रखती है।

19. डोगरी

जम्मू-व-कश्मीर राज्य के जम्मू संभाग की मूल भाषा होने के अलावा डोगरी भाषा हिमाचल प्रदेश के काँगड़ा, चंबा, कुल्लू, मंडी एवं सुकेत जैसे क्षेत्रों तथा अविभाजित पंजाब के गुरदासपुर, पठानकोट, नूरपुर, होशियारपुर (सभी भारत में) और सियालकोट व शक्करगढ़ (दोनों पाकिस्तान में) क्षेत्रों में भी बोली जाती है। इन क्षेत्रों में डोगरी मातृभाषियों को डोगरा कहते हैं।

भारत की 1981 की जनगणना के अनुसार जम्मू संभाग में डोगरी भाषियों की संख्या 15 लाख के आस पास थी।

डोगरी भारत-यूरोपीय (इंडो-यूरोपियन) भाषा परिवार की भाषा है तथा इसका विकास शौरसेनी प्राकृत स्रोत संस्कृत रहा है, तथापि इसने अरबी, फारसी एवं अंग्रेजी के अनेक शब्दों को भी आत्मसात् किया है।

जार्ज अब्राहम ग्रियर्सन ने अपने भारतीय भाषा सर्वेक्षण में डोगरी को पंजाबी की एक बोली ही माना है। उन्होंने कंडयाली, कांगरी एवं चंबेली को डोगरी की तीन उप-बोलियाँ निर्धारित की है। ग्रियर्सन के इस मत का समर्थन उज्ज्वल सिंह बाहरी, पियरा सिंह पद्म तथा हरपीरत सिंह जैसे कुछ पंजाबी लेखकों ने भी किया है। परंतु डॉ, सिद्धेश्वर वर्मा जैसे मनीषी भाषा वैज्ञानिक ने डोगरी के संरचनागत स्वरूप के आधार पर इसे किसी दूसरी भाषा की बोली न मानते हुए एक स्वतंत्र भाषा के रूप में स्वीकार किया है। वास्तव में डोगरी तथा पंजाबी भाषा-भाषी क्षेत्र भौगोलिक दृष्टि से परस्पर सामीप्य के कारण कहीं-कहीं पर भाषाई साम्य प्रकट करते हैं।

डोगरी भाषा के लिए टाकरी लिपि का प्रयोग होने के अलावा आजकल देवनागरी लिपि का भी बहुतायत से प्रयोग होता है।

डोगरी की प्रारंभिक रचनाओं में बलीराम की मूल फारसी कृतियों का टहल दास द्वारा अठारहवीं शताब्दी के उत्तरार्द्ध में किया गया डोगरी अनुवाद उल्लेखनीय है। तेरहवीं शताब्दी से पूर्व डोगरी भाषा के अस्तित्व की पुष्टि अमीर खुसरो (1253-1325ई.) की भारतीय भाषा सूची से होता है। उन्नीसवीं शताब्दी तक डोगरी भाषा

में लेखन के थोड़े-बहुत प्रयासों के साक्ष्य उपलब्ध हैं। बीसवीं शताब्दी आते-आते डोगरी भाषा में साहित्य की विविध विधाओं में हो रहे प्रयोगों में तेजी आई और पद्य के अलावा कहानियाँ, उपन्यास व नाटक आदि लिखे जाने लगे।

डोगरी भाषा की क्षमता और प्रभाव का अनुमान इस तथ्य से लगाया जा सकता है कि श्रीरामपुर के ईसाई मिशनरियों ने बाइबल के 'न्यू टेस्टामेंट' का कथित रूप से डोगरी भाषा में अनुवाद प्रकाशित किया था।

20. नेपाली

नेपाली भारत आर्य (इंडो-आर्यन) भाषा परिवार से संबंधित भाषा है जो नेपाल व भूटान के अलावा भारत तथा म्यांमार(बर्मा) के कुछ भागों में बोली जाती है। यह नेपाल की राजभाषा है। अनुमानतः नेपाल की आधी जनसंख्या मातृभाषा के रूप में नेपाली बोलती है तथा अन्य अनेक नेपालियों द्वारा इसे द्वितीय भाषा के रूप में अपनाया जाता है। नेपाली को गोरखाली या गुरखाली भी कहा जाता है जिसका अभिप्राय गोरखा जाति की भाषा से है। इसे पबर्तिया, अर्थात् पर्वतों की भाषा भी कहा जाता है।

नेपाली हिमालय की तराई वाले क्षेत्रों में बोली जाने वाली पहाड़ी भाषाओं की पूर्वी सीमांत की भाषा है। नेपाली भाषा का प्रभाव भूटान तथा म्यांमार के कुछ भागों में भी दिखाई पड़ता है। तिब्बती-बर्मी भाषाओं के सान्निध्य में विकसित होने के कारण नेपाली पर इनका प्रभाव साफ झलकता है।

नेपाली का हिंदी के साथ काफी निकट का संबंध है। नेपाली ने कुछ शब्द फारसी एवं अंग्रेजी से भी लिए हैं, परंतु संस्कृत के अधिक शब्दों को आत्मसात् किया है। यद्यपि नेपाल की स्थानीय व प्राचीन लिपि 'भुजिमोल' है, तथापि आजकल नेपाली आमतौर पर देवनागरी लिपि में लिखी जाती है।

उन्नीसवीं शताब्दी के उत्तरार्द्ध में नेपाली भाषा में साहित्य सृजन के थोड़े-बहुत प्रयास किए गए, जिनमें सुन्दरानंद बारा(1833) रचित 'आध्यात्म रामायण', 'बिरसिक्का' नाम से अनाम लेखकों की लोक कथाओं का संग्रह तथा भानुभक्त रचित 'रामायण' शामिल है। संस्कृत की अनेक कृतियों का भी नेपाली भाषा में अनुवाद हो चुका है।

21. मणिपुरी

मणिपुरी भाषा भारत के उत्तर पूर्वी क्षेत्र के मणिपुर राज्य में मुख्यतः बोली जाती है। करीब 28 लाख से अधिक लोगों द्वारा यह भाषा बोली जाती है। यह मणिपुर राज्य की राजभाषा है। तिब्बत-बर्मन भाषा परिवार की सदस्या है मणिपुरी। इस भाषा की करीब 29 बोलियाँ हैं।

22. बोडो

बोडो भाषा तिब्बत-बर्मन परिवार की है। यह असम राज्य की एक राजभाषा भी है। 1963 से स्कूलों में बोडो भाषा के माध्यम से शिक्षा दी जाती है। वर्तमान में यह उच्च माध्यमिक स्तर तक शिक्षा का माध्यम बन चुकी है। बोडो भाषा साहित्य की दृष्टि से काफी समृद्ध है, जिसमें कविता, नाटक, एकांकी, उपन्यास, आलोचना आदि साहित्य की विभिन्न विधाएँ सम्मिलित हैं। यह भाषा सामान्य तौर पर रोमन लिपि में लिखी जाती है लेकिन शासकीय तौर पर बोडो भाषा देवनागरी लिपि में लिखी जाती है।

केंद्रीय अनुवाद ब्यूरो

राजभाषा हिंदी के प्रगामी प्रयोग में अनुवाद की महत्वपूर्ण और अपरिहार्य आवश्यकता को देखते हुए अनुवाद की सुनियोजित व्यवस्था करना आवश्यक था। वर्ष 1960 में शिक्षा मंत्रालय के अधीन केंद्रीय हिंदी निदेशालय की स्थापना करके असांविधिक साहित्य के हिंदी अनुवाद का कार्य आरंभ किया गया। लेकिन राजभाषा हिंदी के कार्यान्वयन का दायित्व गृह मंत्रालय पर होने के कारण केंद्र सरकार के असांविधिक प्रक्रिया साहित्य के अनुवाद का दायित्व भी गृह मंत्रालय को सौंपा गया। तदनुसार, 1 मार्च 1971 को गृह मंत्रालय के अधीन केंद्रीय अनुवाद ब्यूरो की स्थापना की गई और केंद्र सरकार के मंत्रालयों, विभागों, कार्यालयों, उपक्रमों आदि के असांविधिक प्रक्रिया साहित्य का अनुवाद कार्य केंद्रीय अनुवाद ब्यूरो को सौंपा गया। वर्तमान में केंद्रीय अनुवाद ब्यूरो, राजभाषा विभाग (गृह मंत्रालय) के अधीनस्थ कार्यालय के रूप में कार्य कर रहा है।

अनुवाद में सरलता, सहजता और शब्दावली में एकरूपता सुनिश्चित करने के लिए वर्ष 1973 से अनुवाद प्रशिक्षण का कार्य ब्यूरो को सौंपा गया। इस प्रकार ब्यूरो अनुवाद प्रशिक्षण देने का कार्य भी कर रहा है। केंद्र सरकार के स्तर पर अनुवाद और अनुवाद प्रशिक्षण के लिए केंद्रीय अनुवाद ब्यूरो एकमात्र संस्था है।

दायित्व

1. भारत सरकार के मंत्रालयों/विभागों/कार्यालयों/बैंकों/उपक्रमों आदि के कोड, मैनुअल और फार्मों जैसे असांविधिक साहित्य और प्रशिक्षण सामग्री का अनुवाद।
2. अनुवाद कार्य से जुड़े अधिकारियों/कर्मचारियों को अनुवाद का प्रशिक्षण।
3. प्रशासनिक शब्दावली और अभिव्यक्तियों में एकरूपता सुनिश्चित करना।

गतिविधियाँ

1. अनुवाद कार्य

केंद्रीय अनुवाद ब्यूरो केंद्र सरकार के विभिन्न मंत्रालयों, विभागों, कार्यालयों और

केंद्र सरकार के स्वामित्व वाले तथा नियंत्रणाधीन उपक्रमों, निगमों, स्वायत्त निकायों, संगठनों तथा बैंकों आदि के असांविधिक प्रक्रिया साहित्य जैसे - कोडों, मैनुअलों, फार्मों, प्रशिक्षण सामग्री आदि का अनुवाद निःशुल्क करता है।

2. अनुवाद क्षमता विस्तार योजना

अनुवाद कार्य के बैकलॉग के शीघ्र निपटान के लिए ब्यूरो में वर्ष 1989 में अनुवाद क्षमता विस्तार योजना शुरू की गई थी। इस योजना में मानदेय. के आधार पर बाह्य अनुवादकों से अनुवाद करवाया जाता है।

अनुवाद करने के इच्छुक व्यक्ति मुख्यालय, नई दिल्ली से संपर्क कर सकते हैं। सुविधा के लिए फिलहाल केवल राष्ट्रीय राजधानी क्षेत्र या उसके आसपास रहने वाले लोगों को ही यह कार्य दिया जाता है।

3. अनुवाद प्रशिक्षण

3.1 त्रैमासिक अनुवाद प्रशिक्षण पाठ्यक्रम

वर्ष 1973 से ही केंद्रीय अनुवाद ब्यूरो केंद्रीय सरकार के विभिन्न मंत्रालयों, विभागों, उपक्रमों एवं राष्ट्रीयकृत बैंकों में कार्य करने वाले हिंदी अधिकारियों/अनुवादकों तथा हिंदी कार्य से जुड़े सभी अधिकारियों/कर्मचारियों के लिए सेवाकालीन त्रैमासिक अनुवाद प्रशिक्षण पाठ्यक्रम संचालित कर रहा है। यह सभी प्रशिक्षण कार्यक्रम निःशुल्क हैं। इस त्रैमासिक अनुवाद प्रशिक्षण पाठ्यक्रम में हिंदी अनुवादकों के अतिरिक्त वे कर्मचारी भी प्रशिक्षण प्राप्त कर सकते हैं, जो अनुवाद कार्य या राजभाषा नीति के कार्यान्वयन से जुड़े हों और जिन्हें हिंदी तथा अंग्रेजी भाषा का स्नातक स्तर का ज्ञान हो। राजभाषा विभाग के दिनांक 5 मई, 1975 के कार्यालय ज्ञापन सं. 11/13017/12/75-रा.भा. (ग) में बताए दिशा निर्देशों के अनुसार यह प्रशिक्षण लेना अनिवार्य है।

देशभर में फैले केंद्र सरकार के कार्यालयों की बढ़ती हुई माँग को पूरा करने के लिए मुंबई, बेंगलूर और कोलकाता में क्रमशः जनवरी, 1985, अक्तूबर, 1985 और अक्तूबर, 1987 से अनुवाद प्रशिक्षण केंद्र खोले गए। इस पाठ्यक्रम के अधीन प्रत्येक केंद्र में प्रतिवर्ष (1) जनवरी से मार्च, (2) अप्रैल से जून, (3) जुलाई से सितंबर और (4) अक्तूबर से दिसंबर तक तीन-तीन माह के चार सत्र आयोजित किए जाते हैं। केंद्रीय अनुवाद ब्यूरो द्वारा 31 मार्च 2010 तक ऐसे कुल 435 कार्यक्रम आयोजित किए गए हैं, जिनमें 9727 प्रशिक्षार्थियों को प्रशिक्षण दिया गया है। दिल्ली केंद्र में प्रशिक्षार्थियों की सुविधा के लिए छात्रावास की व्यवस्था भी है।

3.2 इक्कीस दिवसीय अनुवाद प्रशिक्षण पाठ्यक्रम

सरकारी उपक्रमों और बैंको के अनुवादकर्मियों के लिए 21 दिवसीय विशेष अनुवाद प्रशिक्षण पाठ्यक्रम तैयार किया गया है। 21 कार्य-दिवसीय विशेष अनुवाद प्रशिक्षण पाठ्यक्रम का आयोजन अलग-अलग कार्यालयों की माँग पर उन्हीं के कार्यालयों मे जाकर प्रशिक्षार्थियों की उपलब्धता और कार्यालयों की सुविधा के अनुसार निःशुल्क प्रदान किया जाता है। अनुभव से यह पता चला है कि इस प्रकार के अनुवाद प्रशिक्षण पाठ्यक्रम संबंधित कार्यालय के अधिकारियों/कर्मचारियों को अनुवाद तथा राजभाषा हिंदी के कार्यान्वयन की सटीक जानकारी प्रदान करने में अत्यन्त सहायक सिद्ध हो रहे हैं। इस विशेष अनुवाद प्रशिक्षण पाठ्यक्रम में अनुवाद कार्य अथवा राजभाषा नीति के कार्यान्वयन से जुड़े हुए अधिकारी/कर्मचारी भाग ले सकते हैं, बशर्ते कि उन्होंने स्नातक स्तर पर हिंदी एवं अंग्रेजी दोनों भाषाएँ पढ़ी हों।

इन कार्यक्रमों में कक्षाएँ लेने के लिए केंद्रीय अनुवाद ब्यूरो से सहायक निदेशक स्तर के अधिकारी भेजे जाते हैं।

3.3 पाँच दिवसीय संक्षिप्त अनुवाद प्रशिक्षण पाठ्यक्रम

केंद्रीय अनुवाद ब्यूरो देश के विभिन्न कार्यालयों के लिए उनकी मांग पर 5 कार्य दिवसीय संक्षिप्त अनुवाद प्रशिक्षण पाठ्यक्रम संचालित करता है। इन कार्यक्रमों की उपयोगिता और लोकप्रियता को देखते हुए इस प्रकार के कार्यक्रमों का आयोजन करने की माँग लगातार प्राप्त होती रहती है। इस विशेष अनुवाद प्रशिक्षण पाठ्यक्रम में अनुवाद कार्य अथवा राजभाषा नीति के कार्यान्वयन से जुड़े अधिकारी/कर्मचारी भाग ले सकते हैं, बशर्ते कि उन्होनें स्नातक स्तर तक हिंदी एवं अंग्रेजी दोनों भाषाएँ पढी हों। ये कार्यक्रम संबंधित कार्यालयों में जाकर ही आयोजित किए जाते हैं। इन कार्यक्रमों में प्रशिक्षण कक्षाएँ लेने के लिए केंद्रीय अनुवाद ब्यूरो से सहायक निदेशक स्तर के अधिकारी भेजे जाते हैं।

3.4 उच्चस्तरीय/पुनश्चर्या अनुवाद प्रशिक्षण पाठ्यक्रम (पाँच दिवसीय)

यह पाठ्यक्रम फिलहाल केवल ब्यूरो के दिल्ली केंद्र अर्थात् मुख्यालय में ही संचालित किए जाते हैं। इसमें विभिन्न कार्यालय अपने अधिकारियों/कर्मचारियों को प्रशिक्षण के लिए भेज सकते हैं।

उच्चस्तरीय अनुवाद प्रशिक्षण हिंदी अधिकारियों/राजभाषा अधिकारियों तथा उनसे ऊंपर के अधिकारियों के लिए आयोजित किए जाते हैं। जबकि पुनश्चर्या अनुवाद प्रशिक्षण पाठ्यक्रम ऐसे अनुवादकों/राजभाषा कार्यान्वयन से जुड़े उन कर्मचारियों के लिए आयोजित किए जाते हैं जिन्होंने ब्यूरो से पहले तीन माह का अनुवाद प्रशिक्षण प्राप्त किया हो। प्रशिक्षार्थियों के लिए छात्रावास की सुविधा भी उपलब्ध कराई जाती है

केंद्रीय हिंदी प्रशिक्षण संस्थान

भारत सरकार, गृह मंत्रालय, राजभाषा विभाग के एक अधीनस्थ कार्यालय के रूप में हिंदी शिक्षण योजना एवं केंद्रीय हिंदी प्रशिक्षण संस्थान द्वारा देशभर में हिंदी भाषा, एवं हिंदी आशुलिपि के प्रशिक्षण कार्यक्रम संचालित किए जाते हैं। ये कार्यक्रम केंद्र सरकार के कर्मचारियों के साथ साथ भारत सरकार के नियंत्रणाधीन उपक्रमों, निकायों, निगमों एवं बैंक के कर्मचारियों के लिए संचालित किए जाते हैं।

प्रशिक्षण कार्यक्रम पूर्णकालिक केंद्रों के साथ साथ अंशकालिक केंद्रों पर भी संचालित किए जाते हैं।

प्रशिक्षण के प्रकार

देश भर में चार प्रकार के प्रशिक्षण कार्यक्रम संचालित किए जाते हैं -

1. कार्यालय समय में पूर्णकालिक एवं अंशकालिक केंद्रों पर प्रशिक्षण
2. पत्राचार के माध्यम से हिंदी भाषा एवं हिंदी टंकण का प्रशिक्षण
3. हिंदी भाषा, हिंदी टंकण और हिंदी आशुलिपि का गहन पूर्ण दिवसीय प्रशिक्षण
4. इंटरनेट के माध्यम से वेद पर लीला प्रबोध, लीला प्रवीण एवं लीला प्राज्ञ पाठ्यक्रमों का स्वयं शिक्षण।

क्षेत्रीय कार्यालय एवं उप संस्थान

प्रशिक्षण कार्यक्रमों को सुचारु रूप से संचालित करने के लिए दिल्ली, मुंबई, कोलकाता, चेन्नई एवं गुवाहाटी में पाँच क्षेत्रीय कार्यालय और मुंबई, कोलकाता, हैदराबाद, बैंगलूर और चेन्नई में उप संस्थान स्थापित किए गए हैं।

प्रशिक्षण की स्थिति

वर्तमान में देशभर में हिंदी भाषा प्रशिक्षण के 116 पूर्णकालिक, 08 अंशकालिक केंद्र तथा हिंदी टंकण/आशुलिपि के 20 पूर्णकालिक एवं 17 अंशकालिक प्रशिक्षण केंद्र संचालित हैं। इस प्रकार पूरे देश भर में कुल 161 प्रशिक्षण केंद्रों द्वारा हिंदी का प्रशिक्षण दिया जाता है।

नए आयाम

1. पूर्वोत्तर क्षेत्र में हिंदी प्रशिक्षण की बढ़ती माँग को देखते हुए गुवाहाटी में हिंदी शिक्षण योजना का एक नया क्षेत्रीय कार्यालय स्थापित किया गया है तथा इंफाल, आईजॉल एवं अगरतला में पूर्णकालिक प्रशिक्षण केंद्र खोले गए हैं।

2. देश के अधिकांश टंकण/आशुलिपि प्रशिक्षण केंद्रों पर कंप्यूटरों द्वारा टंकण का प्रशिक्षण दिया जाता है।

3. पुनर्रचित प्रबोध पाठ्यक्रम जनवरी, 2006 से हिंदी शिक्षण योजना एवं केंद्रीय हिंदी प्रशिक्षण संस्थानं/उप संस्थानों के गहन पाठयक्रम में लागू कर दिया गया है। हिंदी प्रबोध पुस्तिका को नई तकनीकी एवं पद्धति के आधार पर पुनर्रचित किया गया है।

4. पुनर्रचित प्रवीण पाठ्यक्रम जनवरी, 2009 से लागू है।

5. कार्यक्रमों में पारदर्शिता लाने के लिए प्रशिक्षण कलैण्डर एवं परीक्षा परिणामों को इंटरनेट पर उपलब्ध कराया जाता है।

केंद्रीय हिंदी संस्थान

केंद्रीय हिंदी संस्थान, आगरा, मानव संसाधन विकास मंत्रालय, भारत सरकार के शिक्षा विभाग द्वारा 1961 ई0 में स्थापित स्वायत्त संगठन केंद्रीय हिंदी शिक्षण मंडल द्वारा संचालित अखिल भारतीय स्तर की एक स्वायत्तशासी शैक्षिक संस्था है। संस्थान का मुख्यालय आगरा में है जिसका पता इस प्रकार है - केंद्रीय हिंदी संस्थान, हिंदी संस्थान मार्ग, आगरा इसके आठ केंद्र हैं जिनका विवरण नीचे दिया गया है -

दिल्ली केंद्र - पंजाब, जम्मू कश्मीर एवं हिमाचल (आदिवासी क्षेत्र) राज्यों के अध्यापकों के लिए।

हैदराबाद केंद्र- आँध्र प्रदेश, तमिलनाडु, गोवा, महाराष्ट्र एवं केंद्र शासित पांडिचेरी एवं अंडमान निकोबार द्वीप समूह के अध्यापकों के लिए।

गुवाहाटी केंद्र- असम एवं अरुणाचल प्रदेश के अध्यापकों के लिए।

शिलांग केंद्र- मेघालय एवं मिजोरम के अध्यापकों के लिए।

मैसूर केंद्र - कर्नाटक, केरल और केंद्र शासित लक्षद्वीप के अध्यांपकों के लिए।

दीमापुर केंद्र- नागालैंड, मणिपुर के अध्यापकों के लिए।

भुवनेश्वर केंद्र- उड़ीसा, छत्तीसगढ़ के अध्यापकों के लिए।

अहमदाबाद क्रेंद्र- गुजरात, दमन, द्वीव और दादरा और नगर हवेली के अध्यापकों के लिए।

कोलकाता केंद्र- (प्रस्तावित) पश्चिम बंगाल, त्रिपुरा, झारखंड और सिक्किम के अध्यापकों के लिए।

कार्य

- भारतीय संविधान के उल्लिखित अनुच्छेद 351 के अनुपालन में अखिल भारतीय भाषा के रूप में हिंदी का विकास करते हुए ऐसे पाठ्यक्रम प्रस्तुत, संचालित एवं उपलब्ध कराना जो इस भाषा के विकास और प्रसार की दृष्टि से उपयोगी हों।
- विभिन्न स्तर पर हिंदी शिक्षण की गुणवत्ता सुधारना, हिंदी शिक्षकों को प्रशिक्षित करना, हिंदी भाषा और साहित्य के उच्चतर अध्ययन का प्रबंधन करना तथा हिंदी के साथ साथ विभिन्न भारतीय भाषाओं के तुलनात्मक भाषावैज्ञानिक अध्ययन

को प्रोत्साहित करना और हिंदी भाषा एवं शिक्षण विषयक विविध अनुसंधान कार्यों का आयोजन करना।

- विद्यार्थियों के रहने के लिए छात्रावास का निर्माण, निरीक्षण एवं नियंत्रण करना।

- अपने विभिन्न पाठ्यक्रमों में विद्यार्थियों की परीक्षा लेना तथा उपाधि प्रदान करना।

- विभिन्न स्तर की पाठ्य पुस्तकें और अनुसंधान पुस्तकें तैयार करना और प्रकाशित करना।

- संस्थान के उद्देश्यों के अनुरूप आवश्यकतानुसार पत्र पत्रिकाओं का प्रकाशन करना।

- संस्थान की प्रकृति एवं उद्देश्यों के अनुरूप अन्य उन संस्थाओं के साथ जुड़ना या सदस्यता ग्रहण करना या सहयोग करना या सम्मिलित होना, जिनके उद्देश्य संस्थान के उद्देश्यों से मिलते जुलते हों।

- समय समय पर नियमानुसार अध्येतावृत्ति(फैलोशिप)छात्रवृत्ति और पुरस्कार, सम्मान पदक की स्थापना कर हिंदी से संबंधित कार्यों को प्रोत्साहित करना आदि।

संस्थान के कार्य क्षेत्र

संस्थान के निम्नलिखित कार्यक्षेत्र हैं -

1. शिक्षणपरक कार्यक्रम
   क. विदेशी विद्यार्थियों के लिए हिंदी शिक्षण
   ख. सांध्यकालीन पाठ्यक्रम(स्व वित्तपोषित)
   ग. हिंदी दक्षता पाठ्यक्रम
2. शिक्षक प्रशिक्षणपरक कार्यक्रम
   क. हिंदीतर राज्यों के विद्यार्थियों के लिए अध्यापक प्रशिक्षण पाठ्यक्रम
   ख. दूरस्थ शिक्षण कार्यक्रम(स्व वित्तपोषित)
3. नवीकरण एवं संवर्द्धनात्मक कार्यक्रम
4. अनुसंधानपरक कार्यक्रम
5. शिक्षण सामग्री निर्माण और भाषा विकास

केंद्रीय हिंदी निदेशालय

1 मार्च , 1960 को शिक्षा मंत्रालय (अब उच्चतर शिक्षा विभाग, मानव संसाधन विकास मंत्रालय) के अधीन केंद्रीय हिंदी निदेशालय की स्थापना हुई। इसके चार क्षेत्रीय कार्यालय चेन्नई, हैदराबाद, गुवाहाटी और कोलकाता में स्थित हैं। हिंदी को अखिल भारतीय स्वरूप प्रदान करने, हिंदी भाषा के माध्यम से जन जन को जोड़ने और हिंदी को वैश्विक धरातल पर प्रतिष्ठा दिलाने के लिए निरंतर प्रयासरत हिंदी की यह शीर्षस्थ सरकारी संस्था निम्नलिखित महत्त्वपूर्ण योजनाओं को कार्यान्वित कर रही है -

1. कोश निर्माण योजना
2. विशिष्ट कोश योजनाएँ
3. शैक्षिक विनियम कार्यक्रम योजना
4. हिंदी पत्राचार पाठ्यक्रम योजना
5. विस्तार कार्यक्रम योजनाएँ
6. भाषा, वार्षिकी तथा साहित्यमाला के अंतर्गत भारतीय साहित्य की विभिन्न विधाओं से संबंधित प्रकाशन योजना।
7. हिंदीतर भाषी प्रांतों में हिंदी पुस्तकों का निःशुल्क वितरण
8. देंवनागरी लिपि तथा हिंदी वर्तनी का मानकीकरण
9. पुस्तक प्रदर्शनी एवं बिक्री
10. हिंदी के प्रचार प्रसार के लिए स्वैच्छिक हिंदी संस्थाओं को वित्तीय सहायता योजना
11. हिंदी में प्रकाशन हेतु सीमित वित्तीय सहायता तथा हिंदी में प्रकाशित पुस्तक खरीद योजना।
12. पुरस्कार योजनाएँ
    क. हिंदीतरभाषी हिंदी लेखक पुरस्कार
    ख. शिक्षा पुरस्कार
13. बेसिक हिंदी कोर्स

निदेशालय का मुख्यालय नई दिल्ली में है जिसका पता है -

निदेशक
केंद्रीय हिंदी निदेशालय
पश्चिमी खंड
रामकृष्णपुरम्, नई दिल्ली -66

निदेशालय के चार क्षेत्रीय कार्यालय हैं जिनके पते इस प्रकार हैं–

1. उप निदेशक (दक्षिण)
केंद्रीय हिंदी निदेशालय(मानव संसाधन विकास मंत्रालय)
प्रथम तल, खंड 5, 26 हैडोज रोड, शास्त्री भवन
चेन्नई (तमिलनाडु) 600006

2. उप निदेशक (उत्तर पूर्व)
केंद्रीय हिंदी निदेशालय(मानव संसाधन विकास मंत्रालय)
केंद्रीय सदन, ब्लॉक ए, सुल्तान बाजार,
हैदराबाद(आंध्र प्रदेश) 500009

3. उप निदेशक
केंद्रीय हिंदी निदेशालय(मानव संसाधन विकास मंत्रालय)
द्वारा दास एंटरप्राइज, जय नगर, पो. खानापारा
गुवाहाटी(असम) - 781019

4. उप निदेशक (पूर्व)
केंद्रीय हिंदी निदेशालय(मानव संसाधन विकास मंत्रलय)
1- कौन्सिल हाउस स्ट्रीट, प्रथम तल,
कोलकाता(पश्चिम बंगाल) 700001

वैज्ञानिक तथा तकनीकी शब्दावली आयोग

वैज्ञानिक तथा तकनीकी शब्दावली आयोग की स्थापना भारत के संविधान के अनुच्छेद 344 के खंड (4) के उपबंधों के अधीन गठित की गई एक समिति की सिफारिशों के अनुसार भारत सरकार, शिक्षा मंत्रालय के एक संकल्प के माध्यम से राष्ट्रपति के 1960 के आदेश द्वारा 1 अक्तूबर, 1961 को की गई थी।

1960 के संकल्प के अनुसार आयोग को प्राप्त आदेश इस प्रकार हैं -

क. राष्ट्रपति के 1960 के आदेश के पैरा 3 में निंधारित सिद्धांतों को ध्यान में रखते हुए वैज्ञानिक तथा तकनीकी शब्दावली के क्षेत्र में अब तक किए गए कार्य का पुनरीक्षण करना।

ख. हिंदी और अन्य भारतीय भाषाओं में वैज्ञानिक तथा तकनीकी शब्दावली के विकास और समन्वय से संबंधित सिद्धांतों का निरूपण करना।

ग. संबंधित राज्य सरकारों की सहमति से या उनके अनुरोध पर राज्यों में विभिन्न संस्थाओं द्वारा वैज्ञानिक तथा तकनीकी शब्दावली के क्षेत्र में किए गए कार्य का समन्वय करना और संबंधित एजेंसियों द्वारा हिंदी तथा अन्य भारतीय भाषाओं में प्रयोगार्थ प्रस्तुत की गई शब्दावलियों का अनुमोदन करना और

घ. आयोग द्वारा निमित या अनुमोदित की गई नई शब्दावली का प्रयोग करते हुए मानक वैज्ञानिक पाठ्य पुस्तकों और वैज्ञानिक तथा तकनीकी शब्दकोशों का निर्माण करना तथा विदेशी भाषाओं की वैज्ञानिक पुस्तकों का अनुवाद भारतीय भाषाओं में करना।

आयोग के कर्तव्य एवं कार्य

समिति की सिफारिशों और उसके बाद जारी किए गए राष्ट्रपति के आदेश के अनुसार वैज्ञानिक तथा तकनीकी शब्दावली आयोग(जिसे यहाँ इसके बाद आयोग अथवा वै त श आ कहा जाएगा) को मिले अध्यादेश के अनुसार आयोग के वर्तमान में कर्तव्य एवं कार्य इस प्रकार हैं -

1. हिंदी तथा सभी भारतीय भाषाओं में वैज्ञानिक तथा तकनीकी शब्दों का निर्माण करना और उनकी परिभाषा देना तथा तकनीकी कोशों/शब्दावलियों, परिभाषा कोशों और विश्वकोशों का प्रकाशन करना।

2. यह सुनिश्चित करना कि निमित शब्दों और उनकी परिभाषाओं का ज्ञान लक्ष्य समूह तथा प्रयोक्ता समूह यथा छात्रों, शिक्षकों, विद्वानों, वैज्ञानिकों, अधिकारियों आदि को उपलब्ध कराया जाता है।

3. प्रचार-प्रसार के विभिन्न साधनों यथा कार्यशालाओं/प्रशिक्षण कार्यक्रमों/अभिविन्यास कार्यक्रमों/संगोष्ठियों/सम्मेलनों आदि के माध्यम से शब्दावली के उचित प्रयोग का प्रसार करना तथा आलोचनात्मक फीडबैक प्राप्त कर आवश्यक अद्यतनीकरण/वांछनीय संशोधन/उपयोगी सुधार सुनिश्चित करना।

4. पत्रिकाएँ प्रकाशित करने के अतिरिक्त वैज्ञानिक तथा तकनीकी विषयों में संगोष्ठियाँ/सम्मेलन/परिसंवाद प्रायोजित कर हिंदी तथा अन्य भाषाओं में तकनीकी लेखन को प्रोत्साहित करना।

5. सभी राज्य सरकारों/ग्रंथ अकादेमियों/विश्वविद्यालय सेलों/शब्दावली क्लबों या अन्य अभिकरणों के साथ मिलकर हिंदी तथा अन्य भारतीय भाषाओं में शब्दावली में एकरूपता प्राप्त करने का प्रयास करना।

6. आयोग द्वारा निमित मानक शब्दावली को लोकप्रिय बनाने और उसके उचित प्रयोग के लिए हिंदी तथा अन्य भारतीय भाषाओं की पुस्तकें प्रकाशित करना/उनके प्रकाशन को प्रोत्साहित करना।

आयोग के कार्यक्रम

1960 के संकल्प के अनुसार प्राप्त अध्यादेश तथा राष्ट्रपति के परिवर्ती आदेशों के अनुसार आयोग ने निम्नलिखित कार्यक्रम शुरू किए हैं -

1. अंग्रेजी-हिंदी तथा हिंदी-अंग्रेजी तकनीकी शब्दावलियों/शब्दकोशों का निर्माण
2. अंग्रेजी क्षेत्रीय भाषा तकनीकी शब्दावलियों/शब्दकोशों का निर्माण
3. त्रिभाषा तकनीकी शब्दावलियों/शब्दकोशों का निर्माण
4. राष्ट्रीय तकनीकी शब्दावली का निर्माण
5. परिभाषा कोशों का निर्माण
6. तकनीकी विश्वकोशों का निर्माण
7. स्कूल स्तर की शब्दावली का निर्माण
8. विभागीय शब्दावलियों का निर्माण और/या अनुमोदन
9. शब्दावलियों का परिशोधन एवं अद्यतनीकरण
10. अखिल भारतीय शब्दावली की पहचान ओर प्रकाशन
11. निमित एवं परिभाषित शब्दावली का प्रचार प्रसार और उसकी विवेचनात्मक समीक्षा
12. हिंदी तथा अन्य क्षेत्रीय भाषाओं में विश्वविद्यालय स्तर की पुस्तक निर्माण योजना

13. पाठ संग्रहों (मोनोग्राफ) का निर्माण एवं प्रकाशन
14. चयनिकाओं का निर्माण एवं प्रकाशन
15. पत्रिकाओं का निर्माण एवं प्रकाशन
16. शब्दावली क्लबों की स्थापना एवं अनुरक्षण
17. प्रकाशनों की बिक्री
18. प्रकाशनों का निःशुल्क वितरण
19. प्रदर्शनियाँ आयोजित करना
20. डाटाबेस की रचना, वेबसाइट का अद्यतनीकरण तथा अनुरक्षण

अपने लक्ष्यों को प्राप्त करने के लिए आयोग यह अपेक्षा करता है कि देश के विभिन्न भागों में उसके द्वारा आयोजित विभिन्न कार्यक्रमों में विद्यालयों, कॉलिजों, विश्वविद्यालयों तथा तकनीकी संस्थाओं के शिक्षक, वैज्ञानिक, शोध छात्र, पत्रकार, लेखक, पदधारी, पेशेवर तथा अन्य विद्वान् अपनी विशेषज्ञता प्रदर्शित करें और उनमें सक्रिय रूप से भाग लें। आयोग परिसर के बाहर कार्यक्रम आयोजित करने के लिए आयोग को भी बैठक कक्षों, प्रेक्षागृहों तथा सम्मेलन कक्षों आदि के रूप में उपर्युक्त स्थान की आवश्यकता होती है।

संसदीय राजभाषा समिति एवं अन्य समितियाँ

संसदीय राजभाषा समिति का गठन 1976 में राजभाषा अधिनियम 1963 की धारा 4 के अंतर्गत किया गया है। संसदीय राजभाषा समिति का कार्यालय 11 तीनमूर्ति मार्ग, नई दिल्ली में स्थित है।

संरचना

संसदीय राजभाषा समिति एक संयुक्त संसदीय राजभाषा समिति है जिसमें सभी दलों के सम्माननीय सदस्य होते हैं। यह समिति सीधे राष्ट्रपति को रिपोर्ट करती है। अब तक समिति ने महामहिम राष्ट्रपति के समक्ष आठ खंडों में प्रतिवेदन प्रस्तुत किए हैं जिन पर राष्ट्रपति महोदय ने आदेश जारी किए हैं। समिति में 30 सांसद होते हैं। 20 लोकसभा से और 10 राज्य सभा से। समिति के अध्यक्ष केंद्रीय गृहमंत्री होते हैं। समिति के एक उपाध्यक्ष भी होते हैं। 30 सदस्यों में से 10 -10 सदस्यों की तीन उप समितियाँ बनाई गई हैं। हर उप समिति का एक संयोजक होता है। हर उप समिति के क्षेत्राधिकार में भारत सरकार के कार्यालयों, उपक्रमों व बैंकों के कार्यालय होते हैं जिनका कि ये समय समय पर निरीक्षण करती है।

आलेख एवं साक्ष्य उप समिति

यह समिति समय समय पर देश में गठित 280 से अधिक नगर राजभाषा कार्यान्वयन समितियों के अध्यक्षों एवं संबंधित समिति के सदस्य कार्यालयों के साथ नराकास के समक्ष राजभाषा कार्यान्वयन के क्षेत्र में आने वाली कठिनाइयों पर विचार विमर्श करती है। इस उप समिति की अध्यक्षता संसदीय समिति के उपाध्यक्ष करते हैं। उपाध्यक्ष के साथ साथ तीनों समितियों के संयोजक तथा प्रत्येक उप समिति के दो वरिष्ठ सांसद सम्मिलित रहते हैं।

मौखिक साक्ष्य समिति

समय समय पर पूरी समिति की संसद भवन में बैठक भी होती है। इसमें तीसों सदस्य उपस्थित रहते हैं। केंद्र सरकार के मंत्रालयों/सरकारी बैंकों व उपक्रमों के

मुख्यालयों के प्रमुखों के साथ पूरी समिति विचार विमर्श करती है।

संसदीय राजभाषा समिति के अतिरिक्त निम्नांकित समितियाँ भी होती हैं -

केंद्रीय हिंदी समिति

यह समिति संविधान, राजभाषा अधिनियम 1963 और राजभाषा(संघ के शासकीय प्रयोजनों के लिए प्रयोग) नियम 1976 में किए गए उपबंधों और केंद्र सरकार द्वारा समय समय पर जारी किए गए निदेशों/अनुदेशों की पृष्ठभूमि में हिंदी के प्रचार प्रसार तथा सरकारी कामकाज में हिंदी के प्रगामी प्रयोग के संबंध में भारत सरकार के विभिन्न मंत्रालयों/विभागों द्वारा बनाए गए कार्यक्रमों और किए गए कार्यों का समन्वय करती है। यह समिति राजभाषा नीति के संबंध में आवश्यक दिशा निर्देश देने वाली सर्वोच्च समिति है। प्रधानमंत्रीजी की अध्यक्षता में गठित इस समिति में प्रधानमंत्रीजी के अलावा कुछ प्रमुख केंद्रीय मंत्री, कुछ राज्यों के मुख्यमंत्री, संसद सदस्य तथा हिंदी एवं अन्य भारतीय भाषाओं के विशिष्ट विद्वान् सदस्य हैं। राजभाषा विभाग के सचिव एवं भारत सरकार के हिंदी सलाहकार इस समिति के सदस्य सचिव हैं।

हिंदी सलाहकार समितियाँ

जनता से संपर्क रखने वाले विभिन्न मंत्रालयों/विभागों के संबंधित मंत्रियों की अध्यक्षता में हिंदी सलाहकार समितियों का गठन किया गया है। ये समितियाँ अपने अपने मंत्रालयों/विभागों/उपक्रमों में हिंदी की प्रगति की समीक्षा करती हैं विभाग में हिंदी के प्रयोग को बढ़ाने के तरीके सोचती हैं और राजभाषा नीति के अनुपालन के लिए ठोस कदम उठाती हैं। नियमानुसार इनकी बैठकें 3 महीने में एक बार अवश्य होनी चाहिए।

नगर राजभाषा कार्यान्वयन समितियाँ

बड़े बड़े नगरों में जहाँ केंद्र सरकार के दस या उससे अधिक कार्यालय हैं वहाँ नगर राजभाषा कार्यान्वयन समितियों का गठन किया गया है। इनकी अध्यक्षता नगर के वरिष्ठतम अधिकारी करते हैं। इन समितियों की बैठकों में नगर में स्थित सभी केंद्रीय सरकारी कार्यालयों तथा उपक्रमों के प्रतिनिधि भाग लेते हैं, अपने अपने कार्यालयों की तिमाही प्रगति रिपोर्ट की समीक्षा करते हैं और हिंदी के इस्तेमाल को बढ़ाने के लिए सुझाव देते हैं। नियमानुसार इन समितियों की बैठकें वर्ष में दो बार होनी आवश्यक हैं।

केंद्रीय राजभाषा कार्यान्वयन समिति

यह समिति राजभाषा अधिनियम, 1963 और राजभाषा नियम 1976 के उपबंधों के अनुसार सरकारी प्रयोजनों के लिए हिंदी के अधिकाधिक प्रयोग, केंद्रीय सरकार के कर्मचारियों के हिंदी प्रशिक्षण और उपर्युक्त के संबंध में राजभाषा विभाग द्वारा समय समय पर जारी किए अनुदेशों के कार्यान्वयन का पुनरीक्षण करती है और उनके अनुपालन में पाई गई कमियों और कठिनाइयों को दूर करने के लिए उपायों के बारे में विचार करती है। राजभाषा विभाग के सचिव इस समिति के अध्यक्ष और विभिन्न मंत्रालयों/विभागों की राजभाषा विभाग, विभाग के सचिव संयुक्त सचिव इस समिति के अध्यक्ष और विभिन्न समितियों के सदस्य होते हैं।

राजभाषा कार्यान्वयन समितियाँ

हिंदी के प्रगामी प्रयोग की समीक्षा करने के लिए प्रत्येक मंत्रालय/विभाग में एक एक राजभाषा कार्यान्वयन समिति बनाई गई है जिसकी अध्यक्षता साधारण तथा संयुक्त सचिव विभाग प्रमुख तथा कहीं कही पर अपर सचिव स्तर के अधिकारी करते हैं। संबद्ध और अधीनस्थ कार्यालयों में भी, जहाँ चतुर्थ श्रेणी कर्मचारियों को छोड़कर 10 अथवा उससे अधिक कर्मचारी हैं, राजभाषा कार्यान्वयन समितियाँ बनाई गई हैं। इनकी बैठकें हर तिमाही में एक बार बुलाई जानी अपेक्षित है। समिति की बैठकों में राजभाषा अधिनियम, 1963 और उनके अंतर्गत बने राजभाषा नियम 1976 तथा अन्य आदेशों के अनुसार हिंदी के प्रयोग की स्थिति की समीक्षा की जाती है और कमियों को दूर करने के उपाय किए जाते हैं। वार्षिक कार्यक्रम पर भी चर्चा की जाती है। इन समितियों में संबंधित विभाग या कार्यालय के ही अधिकारी होते हैं जो वहाँ होने वाले कार्यों और वहाँ की कठिनाइयों आदि से परिचित होते हैं और उनका हल अच्छी तरह सोच सकते हैं।

खंड-4

प्रकीर्ण खंड

राजभाषा स्वरूप

15 अगस्त, 1947 को देश स्वतंत्र हुआ। डॉ. राजेंद्र प्रसाद की अध्यक्षता में संविधान समिति का गठन किया। संविधान सभा ने डॉ. बी.आर. अंबेडकर की अध्यक्षता में प्रारूपण समिति का गठन किया गया, प्रारूपण समिति की काफी बैठकें हुईं, विचार विमर्श हुआ। भाषा, प्रांत , सामाजिक, धार्मिक व सांस्कृति के सभी पहलुओं पर विचार किया गया। अंततोगत्वा यह पाया गया कि हिंदी वह भाषा है जिसका विकास वैदिक संस्कृत से संस्कृत, संस्कृत से पाली, पाली से प्राकृत। अपभ्रंश होते हुए हुआ है और संविधान की आठवीं अनुसूची में दर्ज 22 भाषाओं में से 16 भाषाओं का विकास इसी तरह हुआ है।

हिंदी वह भाषा है जिसने 1857 के प्रथम स्वतंत्रता आंदोलन में देश को गोहाटी से चौपाटी तक, सागर से कंचन जंगा तक एक सूत्र में बाँधने में महत्त्वपूर्ण भूमिका निभाई थी। हिंदी के बोलने, समझने वालों की संख्या सर्वाधिक है। हिंदी सरल है, सहज है, सुबोध है। इसीलिए एक ध्वज (तिरंगा), एक राष्ट्रगान (जन गण मन), के समानातंर एक भाषा के रूप में हिंदी को 14 सितम्बर, 1949 के दिन भारत संघ की राजभाषा के रूप में चुना गया। जिसकी लिपि देवनागरी होगी, अंकों के मामले में भारतीय अंकों के अंतरराष्ट्रीय स्वरूप वाले अंकों 1, 2, 3, 4, 5, 6, 7, 8, 9, को मान्यता दी जाएगी ओर शून्य का विकास तो भारतीय गणितज्ञ भास्कराचार्य ने ही किया था अतः शून्य को तो लिया जाना ही था। अंग्रेजी सह राजभाषा के रूप में चलती रहेगी।

राजभाषा का स्वरूप

राजभाषा एक काम चलाऊ भाषा होगी, साहित्यिक स्वरूप नहीं होगा। इसकी शब्दावली का निर्माण मूलतः भारत की सामाजिक संस्कृति को आत्मसात् करते हुए संस्कृत के धातुओं में उपसर्ग और प्रत्यय लगाकर किया जा सकेगा।

गौणतः इसमें भारतीय भाषाओं के प्रचलित शब्दों को तथा भारतीय जनमानस में रच, पच गए अंग्रेजी (विदेशी भाषाओं) के शब्दों को भी अंगीकार किया जा सकेगा। इसका स्वरूप हिंदुस्तानी होगा। स्थान विशेष के साथ इसका लहजा (शैली) बदला जा सकेगा।

आप कह सकते हैं–
मुझे आज एक वर्कशाप में लैक्चर देना है।
आप कह सकते हैं–
मुझे आज एक कार्यशाला में व्याख्यान देना है या तकरीर करनी है।
आज वडोदरा में धमाल हो गया।
और मुंबई में लफड़ा हो गया।
भैया मेरठवालों से पंगा लेना ठीक नहीं वे बडे धाकड़ और धाँसू होते हैं।

शब्दावली

वैज्ञानिक शब्दावली को ज्यों का त्यों लिखना होगा। अल्फा, बीटा, गामा, मीटर, लीटर आदि। एक भाषा, दो या 3 भाषा के घटकों को मिलाकर शब्दों का निर्माण किया जा सकेगा।

रेल + गाड़ी = रेलगाड़ी

रेल अंग्रेजी, गाड़ी हिंदी के शब्द हैं
उपजिला मजिस्ट्रेट
उप संस्कृत का उपसर्ग जिला उर्दू का शब्द और मजिस्ट्रेट अंग्रेजी का।

हिंदीकरण किया जा सकेगा।

हॉस्पीटल	हस्पताल, अस्पताल
ट्रेजेडी	त्रासदी
ऑर्डरली	अदर ली, अर्दली

संज्ञा शब्दों को ज्यों का त्यों लिखना होगा।
जैसे ऑमलेट को ऑमलेट ही लिखना होगा।
प्लेटफार्म टिकट, टाई आदि।

इनके हिंदी बनाने पर जोर नहीं दिया जाएगा।

क्योंकि जलेबी और साड़ी, छोले भटूरे, इडली, दोसा को भी अंग्रेजी में (रोमन लिपि) में ज्यों का त्यों लिखा जाता है।

राजभाषा : चुनौतियाँ व समाधान

आज राजभाषा को लागू हुए बासठ वर्ष बीत चुके हैं। संविधान निर्माताओं ने जिस आशय से राजभाषा की परिकल्पना की थी वह तो साकार नहीं हो पाई है लेकिन कुछ हद तक सफलता जरूर मिली है। पूरा देश यह जान गया है कि 14 सितम्बर का मतलब हिंदी दिवस (हिंदी डे) होता है। यह जानना और मानना भी कम उपलब्धि नहीं है भारत जैसे बहुभाषी व बहुसमस्यीय देश के लिए और हिंदी के पक्ष में एक बात और स्वतःस्फूर्त हुई वह यह कि दक्षिण भारत में 25 वर्ष पहले हिंदी विरोध की जो लहर थी अब सहानुभूति में बदल चुकी है। जब महाराष्ट्र में राजनीतिक तौर पर हिंदी का विरोध हुआ तो दूसरे दिन तमिलनाडु के मुख्यमंत्री करुणानिधि ने एक वक्तव्य जारी किया कि दक्षिण के प्रांत अब हिंदी का कतई विरोध नहीं करते हैं। देखिए यह परिवर्तन कितना बड़ा है, स्फूर्त है यह क्यों हुआ कि हिंदी एक जानदार व शानदार भाषा है। यही कारण है कि अमरीका के राष्ट्रपति तक अपने अधिकारियों को हिंदी सीखने की सलाह देते हैं। वॉलीवुड, हॉलीवुड के बाद सबसे बड़ी फिल्म समुदाय है। वॉलीवुड के माध्यम से भी हिंदी के प्रचार प्रसार में काफी बल मिला है। फिल्म वालों ने हिंदी को इसलिए नहीं अपनाया कि वे हिंदी प्रेमी हैं। इन सबके बच्चे पब्लिक स्कूलों में पढ़ते हैं। कोई भी साक्षात्कार देते हैं तो अंग्रेजी में फुरकने लगते हैं, अपितु हिंदी को इसलिए अपनाया कि हिंदी का दर्शक वर्ग संसार में सबसे बड़ा है। साधुसंतों ने, महात्माओं ने, स्वामियों ने भी हिंदी को इसलिए अपनाया कि हिंदी के कारण उनके अनुयायियों/समर्थकों की संख्या रातोंरात कई गुना बढ़ जाती है। दक्षिण भारत के सभी स्वामी आचार्य संत आनंद भी हिंदी बोल रहे हैं। अपने प्रवचनों में हिंदी गीतों का, खासकर ब्रज लोकगीतों का खूब सहारा लेते हैं। इसलिए हिंदी को बावानी भाषा भी कहा जाता है यानी जिसको बाबा बनाना है उसे हिंदी सीखनी होगी। तो कहने का तात्पर्य यह है कि बाबाओं ने भी जिनमें योग गुरु रामदेव भी सम्मिलित हैं, हिंदी का काफी प्रचार प्रसार किया है।

यह बात रही निजी संस्थाओं की, अब बात करते हैं राजभाषा हिंदी की। यदि बासठ वर्षों का आकलन करते हैं तो पाएँगे कि हिंदी की स्थिति 'नौ दिन चले अढ़ाई कोंस' वाली ही है। यह स्थिति क्यों हुई इस पर चर्चा करते हैं अकादेमिक तौर पर कई प्रांतों के मुख्यमंत्रियों ने हायर सकेंड्री स्तर पर हिंदी खत्म कर दी है। प्राइमरी

से ही अंग्रेजी लागू कर दी है। 10 वीं तक हिंदी को रखा है वह भी विकल्प के रूप में, हिंदी पढ़े या संस्कृत। ज्यादातर विद्यार्थी स्कोर के चलते संस्कृत को ही चुन लेते हैं। इस तरह हिंदी का विद्यार्थी आज किंकर्तव्यविमूढ़ की स्थिति में है कि आगे हिंदी पढ़कर वह क्या करेगा, वह हिंदी क्यों पढ़े। स्नातक/स्नातकोत्तर हिंदी पढ़ने के बाद कॉलिजों में, विश्वविद्यालयों में हिंदी प्रवक्ता के पद मिल जाया करते थे लेकिन अब वह भी खत्म हो रहे हैं।

1976 के बाद से केंद्र सरकार के कार्यालयों, उपक्रमों व बैंकों में हिंदी अनुभाग खोले गए और हिंदी से जुड़े स्टाफ की भर्ती की गई। शुरू शुरू में भर्तियाँ हुईं और लगभग हर विभाग में एक हिंदी अनुभाग खोल दिया गया भले ही उसमें एक हिंदी अधिकारी/अनुवादक या हिंदी टाइपिस्ट हो। धीरे-धीरे 1976 की हिंदी अधिकारियों की पीढ़ी सेवानिवृत्त हो गई, कुछ हो रही है और शेष अगले दो वर्ष में हो जाएगी लेकिन किसी भी विभाग ने उनकी जगह नए सिरे से नियुक्तियाँ, भर्तियाँ नहीं की हैं। कुछ कामचलाऊ अधिकारी नोडल अधिकारी के रूप में लगा दिए हैं जोकि हिंदी को बोझ समझते हैं। उनको यह डर लगा रहता है कि हिंदी के कारण उनकी पदोन्नति में विलम्ब न हो जाए क्योंकि उसने देखा है कि एक हिंदी अधिकारी को हिंदी अधिकारी के पद पर नियुक्त होते हुए और एक पदोन्नति के बाद सेवानिवृत्त होते हुए। अब राजभाषा के सामने जो चुनौतियाँ हैं उन पर चर्चा करते हैं और उन उपायों पर चर्चा करते हैं जिनसे राजभाषा की स्थिति में सुधार हो सकता है।

संसदीय राजभाषा समिति की भूमिका

संसदीय राजभाषा समिति की भूमिका राजभाषा की दशा सुधारने में काफी कारगर हो सकती है। संसदीय समिति अपने निरीक्षण कार्यक्रमों के दौरान इस बात पर जोर दे कि राजभाषा विभाग द्वारा निर्धारित मापदंडों के अनुसार हिंदी के पद वास्तविक रूप में (नामित नहीं)भरे गए हैं अथवा नहीं। तुरंत विभाग/संस्थान अध्यक्ष से आश्वासन ले लिया जाए। हमारा मानना है कि रातोंरात 5 से 10 हजार हिंदी के पद सृजित हो जाएँगे और संभवतया देश में इतनी संख्या में हिंदी के विद्यार्थी नहीं मिलेंगे यानीकि एक ही प्रयास में सभी हिंदी विद्यार्थियों को रोजगार मिल जाएगा। असंतोष खत्म हो जाएगा और विद्यार्थी हिंदी पढ़ना शुरू कर देंगे।

संसदीय राजभाषा समिति को दूसरा काम यह करना चाहिए कि 60 पृष्ठों की प्रश्नावली के स्थान पर केवल एक पृष्ठ की प्रश्नावली बनानी चाहिए। दौरे के दौरान केवल इतना किया जाए कि स्थानीय/विभागीय राजभाषा समिति के अध्यक्ष/सदस्यों ने पिछले छह महीने में कितना काम हिंदी का किया है यह दिखाया जाए। इस सुझाव से हमारा दावा है कि राजभाषा पत्राचार की स्थिति में गुणोत्तर वृद्धि हो जाएगी।

संसदीय राजभाषा समिति से अनुरोध

संसदीय राजभाषा समिति अपने दौरों के दौरान विभाग प्रमुखों से विचार विमर्श करती है, उन्हीं से निर्धारित प्रश्नावली के आधार पर प्रश्न पूछती है। प्रश्नावली में राजभाषा कार्यान्वयन/पत्राचार के संबंध में दी गई जानकारी अधिकांशतः हिंदी अनुभागों की होती है। हिंदी अधिकारी बेचारा एक महीने तक आँकड़ों के चक्कर में पड़ा रहता है। प्रश्नावली भरना एक कला है जिनकी प्रश्नावली अच्छी तरह से भरी हाती है उनके यहाँ काम होता है। क्योंकि जो काम करते हैं वे आँकडे भरने में चतुर/चालाक नहीं होते। ये आँकड़ों के आधार पर संसदीय समिति ने तारीफ कर दी तो पूरा श्रेय प्रबंधन के मुखिया ले लेते हैं। यदि कहीं कमी पाई गई तो ठीकरा हिंदी अधिकारी के सिर पर फूटता है। वैसे ही उसकी उपेक्षा होती है। यदि संसदीय समिति नाखुश रही तो समझ लो उसका तो हो गया काम। हमारे बहुत सारे हिंदी अधिकारी 10-15 वर्षों से एक ही पद पर कार्य कर रहे हैं जबकि अन्य प्रशाखाओं के उनके दूसरे साथी दो तीन पदोन्नतियाँ पा चुके होते हैं, तो कुंठा तो जन्मेगी ही। इसलिए हमारा विनम्र निवेदन है कि संसदीय राजभाषा समिति को दौराने के दौरान 10 मिनट निकालकर अलग से हिंदी अधिकारियों के दुःख दर्द को सुनना चाहिए।

हिंदी के प्राध्यापकों को समय के हिसाब से चलना होगा

समाज में आज राजभाषा को और राजभाषा से जुड़े अधिकारियों को बड़ी हेय दृष्टि से देखा जाता है खासकर प्राध्यापक वर्ग तो देखते ही ये तो उलाहना देते हुए हिंदी अधिकारी को सरकारी दामाद, भाषा का दरोगा, मुफ्त की रोटी तोड़ने वाला बताते हैं जबकि बेचारे हिंदी अधिकारी इनको हर कार्यक्रम में मुख्य अतिथि के रूप में आमंत्रित करते हैं। पत्रं पुष्पं देते हैं। इनकी बेकार की किताबें खरिदवाते हैं क्योंकि 50 प्रतिशत का लक्ष्य पूरा करना है अन्यथा आज के साहित्यकार लिख क्या रहे हैं अभी वे सूर, तुलसी, मीरा से आगे नहीं बढ़े हैं।

देश में नक्सलवाद, आतंकवाद, ऑनरकिलिंग व जातिवाद आज भी बुरी तरह से हावी हैं लेकिन जोरदार तरीके से इन पर कोई कलम नहीं चला रहा है। सही बात तो यह है कि आज का हिंदी साहित्यकार पहले ब्राह्मण, राजपूत है, बनिया है, परमार है, चमार है बाद में साहित्यकार है। साहित्यकार को समाज सापेक्ष लिखना होगा और हिंदी अधिकारियों को साथ लेकर चलना होगा। हिंदी प्रवक्ता इस बात के लिए आंदोलन कर सकते हैं, राज्य सरकारें 12 वीं तक हिंदी के प्रश्नपत्र को खत्म न करें। कम से कम 10 वीं तक हिंदी तीसरी भाषा(हिंदीतर राज्यों में)के रूप में अनिवार्य रहनी चाहिए। हिंदी प्रांतों में 12 वीं तक हिंदी अनिवार्य रूप में रहनी चाहिए तभी आगे जाकर बीए और एमए में विद्यार्थी मिल सकेंगे अन्यथा बीए और एमए की कक्षाएँ बंद होने में देर नहीं लगेगी।

राजभाषा सेवकों को भी पद्म पुरस्कार मिलें

राजभाषा कार्यान्वयन का कार्य राष्ट्रीय कार्य है। संवैधानिक कर्तव्य का अनुपालन है। संविधान की धारा 343 में हिंदी को भारत संघ की राजभाषा का दर्जा दिया गया है। फिर पद्म पुरस्कारों में राजभाषा साधकों की अब तक अवहेलना की गई है क्या इन बासठ वर्षों में एक भी राजभाषा अधिकारी पद्मश्री के योग्य नहीं निकला है। हमारी जानकारी में देश में कम से कम 10-15 ऐसे लोग हैं जिन्होंने तन-मन-धन से, मनसा वाचा कर्मणा राजभाषा की सेवा की है, कर रहे हैं, जीवन पर्यंत करते रहेंगे। ऐसे साधकों को भी पद्म पुरस्कार मिलने चाहिए। डॉ महेश गुप्त एक ऐसा ही नाम है जिसने बिना किसी लालच के राजभाषा कार्यान्वयन को एक दिशा दी। स्वर्गीय हरबाबू कंसल ने भी (भले ही व्यावसायिक रूप से किया हो) राजभाषा के लिए काफी काम किया था। ऐसे आज भी दर्जनों राजभाषा सेवी राजभाषा के कार्य में लगे हुए हैं। भारत सरकार इस तरफ ध्यान दे।

मानसिकता में बदलाव

गद्दी वाले ही नहीं/रद्दी वाले भी/हिंदी को महत्ता कम देते हैं/इसीलिए हिंदी अखबार की रद्दी को/अंग्रेजी अखबार की तुलना में काफी कम दर पर लेते हैं। इस मानसिकता को बदलना होगा। हिंदी भी लाभप्रद है। हिंदी के विज्ञापन अंग्रेजी की तुलना में ज्यादा अर्जन करते हैं। हिंदी अखबारों का सरक्यूलेशन सर्वाधिक है। हमें खुद अपनी भाषा को सम्मान देना होगा।

भाषा संस्कृति देश की होते हैं पहचान।
यदि चाहो सम्मान तो इनको दो सम्मान।।

राजभाषा आंदोलन

यूँ तो राजभाषा की अवधारणा और कार्यान्वयन का कार्य आजादी से पूर्व ही हो चुका था मगर विधिवत आंदोलन 14 सितंबर, 1949से ही शुरू हुआ। 26-1-1950 को संविधान लागू हुआ और राजभाषा कार्यान्वयन की भी शुरूआत हो गई। 1952 में राष्ट्रपति का अध्यादेश जारी हुआ। जिसके तहत राज्यपाल, उच्च व उच्चतम न्यायालय के न्यायाधिशों के अधिपत्र द्विभाषिक जारी करने के निर्देश दिए गए पश्चात् 1955 को बी जी खेर की अध्यक्षता में राजभाषा आयोग और उसके बाद 1960 में फिर राष्ट्रपति ने एक अध्यादेश जारी किया जिसके तहत सरकारी कर्मचारियों को हिंदी का कार्यसाधक ज्ञान, टाइपिस्ट/आशुलिपिकों को हिंदी टाइपिंग व स्टेनोग्राफी की जानकारी अनिवार्य कर दी गई।

1963 में राजभाषा अधिनियम पारित किया गया। जिसका 1967 में संशोधन हुआ। अधिनियम की धारा 8 का प्रयोग करते हुए राजभाषा के प्रयोग के लिए केंद्र सरकार ने 1976 में नियम बनाए और इसी वर्ष राजभाषा आयोग की सिफारिश पर 30 सदस्यों(20 लोकसभा व 10 राज्य सभा) की एक उच्चाधिकार प्राप्त संसदीय राजभाषा समिति गठित की गई। इसी वर्ष से राजभाषा कार्यान्वयन के क्षेत्र में प्रगति का असली दौर शुरू किए और महत्त्वपूर्ण सिफारिशें कीं। किसी भी विभाग के लिए इस समिति की सिफारिशों का अनदेखी करना मुश्किल हो गया। समिति जिस नगर में जिस कार्यालय में जाती एक हडकंप-सा मच जाता था। मचता क्यों नहीं, उस समय समिति में श्री जोशी, श्री मेहता, श्री राम विलास पासवान, श्री बाल कवि बैरागी और श्रीमान अटल जैसे प्रखर व दिग्गज सांसद थे। काफी संस्थानों में हिंदी अधिकारियों की भर्ती समिति की सिफारिशों का ही एक सुखद परिणाम है। हम समिति के नत मस्तक हैं।

सरकारी विभागों में समिति का ''हौआ'' के समान डर व्याप्त हो गया था। मुझे मेरे एक साथी हिंदी अधिकारी ने बताया कि राम विलास पासवान वाली उप समिति उनके कार्यालय में निरीक्षण करने आई। निरीक्षण के दौरान राम विलास पासवान ने एक दस्तावेज दिखाते हुए विभागाध्यक्ष से कहा कि देखिए ये केवल अंग्रेजी में है

और धारा 3(3) में कौन कौन से कागजात आते हैं। आपको मालूम है। विभागाध्यक्ष बोले कि साबह मेरी पोस्टिंग तो इससे पहले लंदन में थी इसलिए मुझे इसकी जानकारी नहीं है। राम विलास पासवान बोले तो फिर क्या लंदन में जाकर आप अपनी माँ का नाम भी भूल जाएँगे। बुरी तरह से फटकार लगाई, दूसरे दिन उन विभागाध्यक्ष ने कार्यपालकों की बैठक बुलाई और कहा कि समिति की जितनी भी सिफारिशें हैं एक महीने के भीतर पूरी हो जानी चाहिए। मुझे रात को सपने में केवल राम विलास पासवान दिखाई देते हैं। तो यह डर था समिति का। वर्ष 1980 से 1990 का जो दशक रहा वह राजभाषा का स्वर्णिम काल रहा। राजभाषा हर क्षेत्र में उत्कर्ष पर पहुँची। समिति ने 8खंडों में अपनी सिफारिशें राष्ट्रपति महोदय के समक्ष रखी। राष्ट्रपति महोदय ने सभी को स्वीकार किया और समय समय पर आदेश, अध्यादेश जारी हुए। केंद्र सरकार के राजभाषा विभाग ने भी फुर्ती दिखाई और प्रतिवर्ष वार्षिक कार्यक्रम बनाए गए। राजभाषा कार्यान्वयन में और तेजी लाने की दृष्टि से बड़े-बड़े नगरों में नगर राजभाषा कार्यान्वयन समितियों का गठन किया गया। जिनके माध्यम से राजभाषा को एक गति मिली, प्रगति मिली। क्षेत्रवार राजभाषा सम्मेलन शुरू हुए। समर्थ विभागों ने, संस्थानों ने अपने अपने यहाँ राजभाषा सम्मेलन व संगोष्ठियाँ आयोजित कीं और पूरे देश में राजभाषा के प्रति एक अनुकूल व समरस वातावरण बन गया। हिंदी का विरोध अब पूरे देश से लगभग जाता रहा।

लेकिन अब राजभाषा प्रगति की धार भोथरी होती जान पड़ रही है। अब समिति के दौरे खाना पूरी रह गए हैं। अन्य समितियों की तरह इनकी भी सिफारिशों पर अब ज्यादा ध्यान नहीं दिया जाता। समिति के सदस्यों में प्रखरता व कटिबद्धता दिखाई नहीं पड़ती। आठवें व नौवें दसक में हिंदी से जुड़े काफी पद सृजित हुए और उनपर भर्ती हुई। हिंदी के काफी लोगों को रोजगार मिला। राजभाषा विभाग ने कर्मचारियों की संख्या के आधार पर जो पद सृजित किए उनके अनुसार आज तक किसी भी विभाग में भर्ती नहीं हुई है। बड़ा हो या छोटा हो, दो हजार हो या पचास कर्मचारी हों हर विभाग में एक हिंदी अधिकारी और क्लर्क टाइपिस्ट बैठा दिया गया।

आज भी समिति यदि अपनी पहली सिफारिश सृजित हिंदी पदों के लिए करे तो हजारों पद रात रात में सृजित हो सकते हैं। इससे हिंदी पत्राचार में गुणोत्तर वृद्धि होगी। क्योंकि हिंदी विभाग के अलावा किसी भी विभाग का कोई भी कर्मचारी या अधिकारी हिंदी में काम नहीं करता। यह उत्तरदायित्व (अघोषित) तो केवल हिंदी विभाग के नाम ही कर रखा है। इसलिए उन्हें हिंदी वाला कहा जाता है, शेष मानो अंग्रेजी के अवशेष हों। यदि हिंदी पदों पर नियुक्तियाँ होंगी तो निश्चित ही ये हिंदी वाले तो नमक हलाली करेंगे ही और हिंदी में काम करेंगे ही।

अब हम पहले से जुड़े नियुक्त/सेवारत हिंदी वालों की बात करते हैं। उनमें भी

अब वो पहली जैसी सक्रियता नहीं रही है कुछ तो हिंदी वाले दूसरे कामों में लगा दिए जाते हैं। कुछ स्वयं दूसरे कामों में लगने के लिए आतुर रहते हैं। यह हिंदी के साथ बे इंसाफी है। हमें जिसने यहाँ तक पहुँचाया है और एक सम्मानजनक पद दिलवाया है। कम से कम हम उसकी कुछ तो सेवा करें।

निष्कर्षतः आज हिंदी से जुड़े तमाम राजभाषा सेवकों को पुनः संकल्प लेने की महती आवश्यकता है। जिससे कि राजभाषा कार्यान्वियन की जो धार भोथरी हुई है उसमें तेजी आ सके।

दिल्ली और हिंदी

14 सितम्बर, 1949 को भारतीय़ संविधान की धारा 343 के अंतर्गत हिंदी को भारत संघ की राजभाषा घोषित किया गया। भारत संघ से अर्थ भारत सरकार के अधीन आने वाले मंत्रालयों, विभागों, सरकारी निगमों, निकायों की कामकाज की भाषा हिंदी होगी जिसकी लिपि देवनागरी होगी। अंकों 1,2,3,4,5,6,7,8,9,0 को मान्यता दी गई। पाठक जानते होंगे कि शून्य संसार को भारत ने सिखाई। शून्य का विकास भारत के गणितज्ञ श्री भास्कराचार्य ने किया था। शून्य के प्रवर्तन से गणित के क्षेत्र में क्रांतिकारी परिवर्तन आया जिसका श्रेय भारत को जाता है।

राजभाषा का स्वरूप

संविधान की धारा 351 में राजभाषा का स्वरूप बताते हुए दिशा निर्देश किया गया है कि राजभाषा की शब्दावली का निर्माण मूलतया भारत की सामासिक संस्कृति को ध्यान में रखते हुए संस्कृत के धातुओं में उपसर्ग व प्रत्यय लगाकर किया जाएगा। गौणतः इसमें प्रचलित भारत की अन्य भाषाओं तथा विदेशी भाषाओं के शब्दों को भी अंगीकार किया जा सकेगा। आप कह सकते हैं और लिख सकते हैं कि-

"मुझे आज एक मीटिंग में लैक्चर देना है"
"मुझे आज एक जलसे में तकरीर करनी है"
"मुझे एक सभा में भाषण देना है"
"बड़ौदा में धमाल हो गया"
"मुंबई में लफड़ा हो गया"

वैज्ञानिक शब्दावली तथा संज्ञाओं को ज्यों का त्यों लिखना होगा। इनका शाब्दिक अनुवाद नहीं किया जाएगा। अल्फा, बीटा, गामा, मीटर, लीटर, स्टेशन, टिकट, प्लेटफार्म, टाई, ऑमलेट आदि को ज्यों का त्यों देवनागरी लिपि में लिखा जाएगा।

राजभाषा का क्रमिक विकास

14 सितम्बर, 1949 से राजभाषा के विकास की कहानी शुरू होती है। 1950 में संविधान लागू हुआ और व्यवस्था की गई थी। 15 वर्ष तक हिंदी के साथ-साथ अंग्रेजी चलती रहेगी। अंग्रेजी को संविधान में सह राजभाषा का दर्जा दिया गया।

यह पंद्रह वर्ष 1965 में खत्म हो गए लेकिन अंग्रेजी का साथ साथ चलते रहना अघोषित रूप, पता नहीं कब तक के लिए बढ़ा दिया गया है। 1955 में श्री बी. जी. खेर की अध्यक्षता में राजभाषा आयोग बनाया गया।

1960 में राष्ट्रपति महोदय ने एक अध्यादेश जारी कर यह निर्देश दिया कि केंद्र सरकार कार्यालयों, उपक्रम, बैंक आदि के सभी कर्मचारियों को हिंदी का कार्य साधक ज्ञान करवा दिया जाए। सभी टाइपिस्टों व स्टेनोग्राफरों को हिंदी टाइपिंग व स्टेनोग्राफी का प्रशिक्षण दिया जाए। तकनीकी, वैज्ञानिक व पारिभाषिक शब्दावली के लिए एक अलग आयोग बनाया जाए।

1963 में राजभाषा अधिनियम पारित किया गया। जिसके तहत लगभग 14 कागजातों परिपत्र, अनुबंध, परमिट, टेंडर आदि के लिए द्विभाषिकता अनिवार्य कर दी गई। संसद द्वारा पारित सभी अधिनियम, नियम द्विभाषिक जारी होंगे।

राज्य सरकार अपना कामकाज अपनी प्रांतीय भाषा में कर सकते हैं। उच्च न्यायालय अपना कामकाज प्रांतीय भाषा में कर सकते हैं। लेकिन उच्चतम न्यायालय की भाषा "अंग्रेजी" के बारे में कोई निर्णय आज तक नहीं लिया गया है। 1976 में राजभाषा नियम बनाए गए।

1976 में ही 20 सदस्यी संसदीय राजभाषा समिति का गठन किया गया जिसके अध्यक्ष पदेन गृहमंत्री होते हैं। इसमें 10 राज्य सभा के तथा 20 लोकसभा के सदस्य होते हैं। लगभग सभी मान्यता प्राप्त राजनीतिक दलों का इसमें प्रतिनिधित्व रहता है।

वार्षिक कार्यक्रम : भारत सरकार गृह मंत्रालय का राजभाषा विभाग हर वर्ष राजभाषा कार्यान्वयन के संदर्भ में एक वार्षिक कार्यक्रम जारी करता है जिसके तहत तीनों भाषिक क्षेत्रों 'क', 'ख' व 'ग' के लिए पत्राचार, टिप्पण आदि के बारे में लक्ष्य निर्धारित किए जाते हैं।

बहुराष्ट्रीय कंपनियाँ व हिंदी

पहले यह शंका व्यक्त की गई थी कि बहुराष्ट्रीय कंपनियों के आगमन, भूमंडलीकरण, निजीकरण व आर्थिक उदारीकरण से हिंदी व भारतीय भाषाओं पर विपरीत प्रभाव पड़ेगा लेकिन यह आशंका निर्मूल साबित हुई है। विदेशी कंपनियों को मालूम है कि हिंदी का उपभोक्ता वर्ग बहुत बड़ा है उनको अपने उत्पाद को करोड़ों लोगों तक पहुँचाना है तो हिंदी अपनानी ही होगी और आज विदेशी कंपनियों ने अपने स्टाफ में हिंदी जानने वाले कर्मी लिए हैं तथा अपना तकनीकी साहित्य व प्रचार सामग्री हिंदी में भी छपवाना शुरू कर दिया है। विश्वस्तर पर हिंदी ने अपने पर पसारे हैं। सैकड़ों विदेशी विश्व विद्यालयों में हिंदी के पठन पाठन की सुनिश्चित व्यवस्था है। बडी खुशी होती है जब आठवें विश्व सम्मेलन का उद्‌घाटन संयुक्त राष्ट्र संघ के महासचिव श्री बान की मून हिंदी बोलकर करते हैं।

गद्दी और रद्दी

एक बार एक व्यक्ति सुप्रसिद्ध साहित्यकार सांसद श्री बालकवि बैरागी (संसदीय राजभाषा समिति की उप समिति के संयोजक भी रह चुके हैं) के पास आया। शादी का कार्ड देते हुए अनुरोध किया कि बैरागी जी मेरी बेटी की शादी है आप सादर आमंत्रित हैं, पधारें। बैरागी जी ने कार्ड देखा, कार्ड अंग्रेजी में छपा था। जैसाकि अमूमन अंग्रेजी के कार्ड पर एक शब्द छपा होता है वैडिंग (Wedding) लेकिन उस कार्ड पर (प्रिटिंग मिस्टेक) लिखा था बेल्डिंग (Belding) बैरागी जी ने ध्यान आकर्षित किया, आदमी शरमाया, झिझका बोला, साहब गलती हो गई है प्रेस वाले से। सही बात तो दोस्तो यह है कि हम में से सौ में से निन्यानबे फीसदी लोग उस कार्ड के नीचे छपे शब्द R.S.V.P. का फुल फार्म नहीं जानते। लेकिन कार्ड अंग्रेजी में छपवाना अपनी शान समझते हैं। बैरागी जी के पास राष्ट्रपति भवन से निमंत्रण पत्र आया जो कि केवल अंग्रेजी में था। बालकवि बैरागी ने आमंत्रण को यह कहकर अस्वीकार कर दिया कि यदि यह निमंत्रण पत्र द्विभाषिक होता तो मैं आऊँगा, अन्यथा नहीं। ऐसे हैं बाल कवि बैरागी।

बालकवि बैरागी और रामविलास पासवान जैसे हिंदी प्रेमी प्रखर सांसदों की वजह से सरकारी क्षेत्र में हिंदी का काफी विकास हुआ है। अनेकों हिंदी अधिकारियों के पद इन जैसे सांसदों की सिफारिश पर निर्मित हुए। ध्यान दें कि श्री रामविलास पासवान भी संसदीय राजभाषा समिति के सदस्य रहे हैं। एक और उदाहरण दृष्टव्य है। एक अधिकारी ने एक कर्मचारी की कॉन्फीडेंशियल रिपोर्ट (गोपनीय आचरणवाली) लिखी। उसमें अंत में एक स्तंभ था कि Area in which he needs improvement यानी कि उस क्षेत्र का नाम बताइए जिस क्षेत्र में इस कर्मचारी को सुधार की आवश्यकता है। नियंत्रण अधिकारी ने उस कॉलम में लिखा मेनहैंडलिंग, मेनहैंडलिंग का शाब्दिक अर्थ है मारपीट या हाथापाई करना जबकि उस अधिकारी का आशय था कि इस कर्मचारी पर कामगारों को हेंडल करना नहीं आता। रेलवे स्टेशन पर आरक्षण का फार्म दोनों भाषाओं में होता है। हिंदी और अंग्रेजी। हम में से अधिकांश उसे अंग्रेजी में ही भरते हैं। हमें संदेह रहता है कि यदि हिंदी में फार्म भर दिया तो पता नहीं आरक्षण होगा कि नहीं। यह प्रश्न सीधे सीधे मानसिकता से जुड़ा है और मानसिकता नीचे से लेकर ऊपर तक गुलामी वाली बनी हुई है। **"गद्दी वाले ही नहीं, रद्दी वाले भी, हिंदी को महत्ता कम देते हैं।"** इसीलिए हिंदी अखबार की रद्दी को अंग्रेजी अखबार की तुलना में काफी कम दर पर लेते हैं। गद्दी से तात्पर्य दिल्ली से है। दिल्ली देश की राजधानी 'क' क्षेत्र में स्थापित, भारत सरकार के सभी मुख्य दफ्तर यहाँ पर हैं, लेकिन हिंदी पत्राचार ज्यादा से ज्यादा 2 फीसदी जबकि सौ फीसदी होना चाहिए।

आँकड़ों का खेल

आपने 22 जुलाई को विश्वासमत के दौरान संसद के अंदर और संसद के बाहर

आँकड़ों का खेल देखा। किस प्रकार सांसदों की खरीद फरोक्त होती है। ठीक इसी तरह के आँकड़े सभी रिपोर्टों में दिए जाते हैं। राजभाषा कार्यान्वयन प्रगति रिपोर्टों के आँकड़े भी इस मकड़जाल से भिन्न नहीं हैं चाहे वह त्रैमासिक रिपोर्ट में भर जाते हों। राजभाषा पुरस्कारों के लिए दिए जाते हों या फिर संसदीय राजभाषा समिति के समक्ष रखे जाते हों। हिंदी अनुभाग तथा इससे जुड़े अधिकारियों का अधिकांश समय तो आँकड़ों का तालमेल बिठाने में ही चला जाता है।

हिंदी की स्थिति अनुसूचित जाति जैसी

1976 के बाद अधिकांशतः केंद्र सरकार के मंत्रालय विभागों, उपक्रमों में हिंदी अनुभाग खोले गए। दफ्तर में दस आदमी हों या हजार ज्यादातर में एक हिंदी अधिकारी या अनुवादक तथा स्टेनोग्राफर या टाइपिस्ट होता है। राजभाषा कार्यान्वयन की समूची जिम्मेदारी हिंदी अनुभागों की है। सैद्धांतिक रूप से कार्यालय के प्रशासनिक अध्यक्ष की है। यदि संसदीय समिति ने तारीफ की तो श्रेय प्रशासनिक अध्यक्ष को यदि आलोचना की तो गाज निश्चित रूप से हिंदी अधिकारी पर गिरनी है। सारा दफ्तर हिंदी अनुभाग से जुड़े अधिकारियों, कर्मियों को अच्छी दृष्टि से नहीं देखता। किसी अधिकारी ने अपने बल पर अपनी साख बनाई हो, वह अलग बात है। कोई इन्हें सरकारी दामाद बताता है तो कोई हाथजोड़ो अधिकारी। अच्छी हिंदी जानने वाले अधिकारी, कर्मचारी भी हिंदी में काम करना नहीं चाहते। जब से हिंदी अनुभाग खुले हैं छोटे से छोटे पत्र को भी अनुवाद करने के लिए हिंदी अनुभाग में भेज देते हैं। यह सच्ची तस्वीर हर कार्यालय की है। हिंदी की स्थिति अनुसूचित जाति जैसी है क्योंकि दोनों अनुसूचित है। अनुसूची में जो चीज आ गई उसका तो राम ही रखवाला है। और दुर्भाग्य से हिंदी अधिकारी जाति से भी अनुसूचित हो तो समझ लो कि वह तो जिन्दगी भर प्रायश्चित ढोता ही रहेगा।

हिंदी का स्वरूप बिगाड़ने में मीडिया का हाथ

यूँ तो राजभाषा एक काम चलाऊ भाषा है और इसकी शब्दावली एक भाषा, दो भाषा या तीन भाषा के शब्दों को मिलाकर बनाई जा सकती है। जैसे रेलगाड़ी, उप जिला मजिस्ट्रेट। संज्ञा शब्दों को ज्यों का त्यों लिखा जानाँ चाहिए। लेकिन मीडिया ने हिंदी को जितना अपभ्रष्ट किया है किसी ने नहीं किया होगा। हिंदी अधिकारियों पर शाब्दिक अनुवाद का दोषारोपण किया जाता है, ठीक है लेकिन वे शब्द तो संस्कृत या हिंदी के ही लिखते हैं जबकि मीडिया वाले उन शब्दों के भी अंग्रेजी रूपों का प्रयोग करते हैं जिनके हिंदी रूप उपलब्ध हैं। जैसे मंडे तक ''सीलिंग टली'' प्राइम मिनिस्टर ने पार्लियामेंट में स्टेटमेंट दिया कि डील से विड्रा नहीं किया जाएगा।

इस वाक्य में ढूँढ़ते रहिए हिंदी ''सीलिंग'' एक प्रचलित शब्द है इसका प्रयोग ठीक है। लेकिन मंडे की जगह सोम लिखा जा सकता था। दूसरे वाक्य में प्रयुक्त सभी अंग्रेजी

शब्दों के हिंदी विकल्प प्राप्त हैं। इसे यूँ लिखा जा सकता था "प्रधानमंत्री ने संसद में वक्तव्य दिया कि करार से अब पीछे नहीं हटा जा सकता" बड़े अखबारों नवभारत टाइम्स व हिन्दुस्तान ने तो हिंदी के स्वरूप को बिगाड़ने में कुछ ज्यादा ही भूमिका निभाई है। नवभारत टाइम्स का संक्षिप्त रूप 'न भा टा' बड़ा लोक प्रिय हो गया था। पता नहीं क्या हुआ उसे एन.बी.टी. कर दिया। हिन्दुस्तान ने वैवाहिक पूर्ति वाले पन्ने का नाम "सर्च इंजन" कर दिया। बताइए किससे उम्मीद की जाए अच्छी हिंदी की।

निष्कर्षतः

बोलित रूप में हिंदी की स्थिति काफी अच्छी है। प्रिंट मीडिया व इलेक्ट्रॉनिक मीडिया तथा फिल्मों ने इसके प्रचार-प्रसार में बडा योगदान दिया है लेकिन जब हम राजभाषा कार्यान्वयन की स्थिति पर दृष्टिपात करते हैं तो स्थिति "नौ दिन चले अढ़ाई कोस" वाली ही पाते हैं। आज हिंदी के क्षेत्र में अच्छे से अच्छे सॉफ्टवेयर हैं। स्पैल चैक हैं यहाँ तक कि अनुवाद करने वाले सॉफ्टवेयर 'अनुवादक' भी एक सॉफ्टवेयर कंपनी ने बना दिया है। सारे संसाधन हैं हिंदी के बाजार में लेकिन यक्ष प्रश्न यह है कि इन संसाधनों का प्रयोग व संचालन कौन करे। "डेढ़ आदमी वाला हिंदी अनुभाग" कतंई नहीं। राजभाषा कार्यान्वयन एक सामूहिक यज्ञ है इसमें पहली आहुति (कार्य संबंधी) हर क्षेत्र के पहले व्यक्ति को देनी होगी। कार्यान्वयन पर सटीक बैठती है। हमारी सभी मंत्रियों, सभी विभागों के प्रमुखों, सरकारी उपक्रमों, बैंकों के प्रथम पुरुषों से यही अपील है कि वे इस पुनीत कार्य का श्रीगणेश करें। अधीनस्थ सैद्धांतिक रूप से ज्यादा सक्रिय होना होगा। आज से 25 वर्ष पूर्व जब संसदीय समिति कार्यालय से किसी कार्यालय के निरीक्षण के लिए पत्र जाता था तो पूरे कार्यालय में हड़कंप मच जाता था। समिति को दिए गए आश्वासनों को पूरा किया जाता था लेकिन देखने में आ रहा है कि समिति के दौरे एक रस्म अदायगी जैसे रह गए हैं। यदि समिति चाहे तो रात-रात में दस हजार पद सृजित हो सकते हैं क्योंकि राजभाषा विभाग द्वारा दिए गए मानकों के अनुरूप किसी भी कार्यालय में हिंदी स्टाफ नहीं है। कुछेक ने नामित अधिकारी, तो कुछ ने नोडल, तो कुछ ने दिखावे के लिए आउट सोर्सिंग के तहत अनुबंध पर कुछ सेवा निवृत्त कर्मचारी रख लिए हैं। हिंदी स्टाफ को पदोन्नति के समान अवसर नहीं हैं। हिंदी पदों का कोई निश्चित पैमाना नहीं है। संसदीय समिति को इस कोण की तरफ भी ध्यान देना चाहिए।

हमारा मानना है कि **जिस दिन दिल्ली में हिंदी हो जाएगी, पूरे देश में हिंदी हो जाएगी।** क्योंकि जब दिल्ली से पत्र हिंदी में जाएगा तो राजभाषा नियमानुसार उसका उत्तर हिंदी में अनिवार्यतः देना होगा। इसलिए दिल्ली से पत्र निकालने के लिए जरूरी है कि संसदीय समिति एक वर्ष तक केवल दिल्ली स्थित कार्यालयों का ही निरीक्षण करें।

शब्दों का जीवन परिवर्तनशील है

शब्द, भाषा और संस्कृति समाज सापेक्ष होते हैं। समाज के अनुसार इनमें परिवर्तन होते रहते हैं। शब्द एक या एक से अधिक ध्वनियों क्रे सार्थक समूह को कहते हैं जैसे आ (केवल एक ध्वनि) आ का अर्थ है आना (Come) दो ध्वनि ख यानी ख् + अ = ख आकाश। खग (पक्षी) चार ध्वनियाँ ख=आकाश यानी आकाश में जो गमन करता है वह खग है।

'भाषा' ध्वनि प्रतीकों की एक समाज द्वारा आपसी सहमति से बनाई गई व्यवस्था है। ध्वनि प्रतीक यानी शब्द, क्षेत्र, व्यक्ति, स्थान, समाज के संपर्क में आकर अपना अर्थ बदलते रहते हैं। यथा राज़ीनामा, मोटी, लहँगा। गुजराती और मराठी में राजीनामा का अर्थ त्यागपत्र, संबंध विच्छेद या असहमति से है यानी कि गुजरात में पति पत्नी के बीच 'राजीनामा ' हुआ है तो संबंध विच्छेद हो गया है और दिल्ली में राजीनामा हुआ है तो पति पत्नी के बीच समझौता हो गया है (पहले से मनमुटाव चल रहा था)। गुजरात में मोटी बेन का अर्थ बड़ी बहन से है और यदि उत्तर प्रदेश में किसी महिला को मोटी कह दिया जाए तो लड़ बैठेगी। गुजराती में लहँगा का अर्थ पायजामा होता है। मराठी में चेष्टा का अर्थ मस्ती (मसकरी) करना होता है। शब्द लीजिए घासलेट। घासलेट का अर्थ उत्तर प्रदेश, दिल्ली, पंजाब व हरियाणा में वनस्पति घी होता है। जबकि गुजरात, मध्यप्रदेश आदि में मिट्टी के तेल से अर्थ होता है। मूल शब्द गैसलाइट है। यानी कि दीपक में मिट्टी का तेल भरकर बत्ती लगाकर आग जला दी। मिट्टी के तेल से जो लौ बनी वह गैस लाइट कहलाई जो कालांतर में अपभ्रंश होकर घासलेट हो गई। अंग्रेजी का शब्द है कॉर्न (Corn) कॉर्न का विस्तृत अर्थ अनाज है लेकिन अमरीका में इसका अर्थ मक्का होता है, ब्रिटेन में गेहूँ तथा स्कॉटलैंड में बाजरा होता है।

ध्वनि प्रतीक समय के हिसाब से अपना अर्थ बदलते रहते हैं। एक जमाने में सुर माने देवता और असुर माने राक्षस। जब असुर शक्तिशाली हो गए तो असुर शब्द देवता (ऋग्वेद) का वाचक बन गया। कहा भी है कि ''यस्यास्ति वित्तं सः नरःकुलीनः'' जंघा का अर्थ संस्कृत में घुटने से नीचे का भाग होता है जबकि हिंदी में घुटने से ऊपर का भाग। संगोष्ठी का अर्थ संस्कृत में जहाँ गाएँ बाँधी जाती थीं

उस स्थान को गोष्ठी कहा जाता था आज उस स्थान पर विद्वान् बाँधे जाते हैं।

शब्द के शब्दशक्ति के अनुसार तीन अर्थ होते हैं। अभिधा, लक्षणा और व्यंजना। निम्न उदाहरण से बात स्पष्ट हो जाएगी।

रहिमन पानी राखिए, बिन पानी सब सून।
पानी गये न उबरो, मोती मानुष चून।।

पानी के तीन अर्थ चमक, इज्जत और पानी। मोती के संदर्भ में चमक (व्यंजना) मनुष्य के संदर्भ में इज्जत(लक्षणा) और चून (आटा) के संदर्भ में पानी (अभिधा) समय के अनुसार शब्द चार तरह से अपने अर्थ बदलता है। अर्थादेश, अर्थ विस्तार, अर्थोत्कर्ष व अर्थोपकर्ष।

अर्थादेश : अर्थादेश के अंतर्गत शब्द का एक निश्चित अर्थ सीमित कर दिया जाता है यथा 'मृग' का अर्थ जंगल के जानवरों से है। ''ते भुविभारभूता मृगाश्चरंति''

मृगेश में यह अर्थ सुरक्षित है। मृग + ईश = मृगेश = सिंह, शेर। कालांतर में हिंदी में जब यह शब्द आया जो केवल 'हरिण' के लिए रूढ़ हो गया। ''तुम देखी कहुँ सीता मृगनैनी''

अर्थविस्तार : तेल, सब्जी, स्याही, कौशल और प्रवीण आदि शब्दों को लिया जा सकता है। तेल प्रारम्भ में केवल तिल से बने द्रव्य का नाम था। आज मूँगफली, सरसों और बिनोले का भी तेल है। जो हरे रंग की थी वह सब्जी थी जैसे करेला, घीया, तोरई आदि। आज बैंगन, टमाटर, कद्दू भी सब्जियाँ हैं। स्याही (काले रंग से बनी) लेकिन अब नीली व लाल भी स्याही है। कुशल जो (नुकीले सिले वाली घास = कुश) को अच्छी तरह से तोड़ लाए वह छात्र कुशल कहा जाता है। प्रवीण जो वीणा बजाने में सिद्धहस्त था वह प्रवीण था। लेकिन अब अच्छे कर्मकार को भी प्रवीण कहा जाता है। दुहिता का अर्थ विस्तार हो गया और पुत्री का पर्यायवाची बन गया। दूध दुहे या न दुहे प्रत्येक पुत्री अब दुहिता है। धेनु भी उस गाय को कहा जाता था जो दूध दे रही हो प्रत्येक गाय को नहीं। जैसे गुरु वशिष्ठ की नंदिनी गाय ''कामधेनु''।

अर्थोत्कर्ष : इस संदर्भ में कक्ष, मार्शल, क्रिकेट शब्दों को देखा जा सकता है। कक्ष उस स्थान को कहा जाता था जहाँ घोड़े (यास्क के अनुसार) बाँधे जाते थे। अब कक्ष में बड़े साहब विराजमान होते हैं। मार्शल का अर्थ घोड़े का नौकर था लेकिन अब सेना के बड़े अधिकारी होते हैं। क्रिकेट का अर्थ लकड़ी था लेकिन आज पूरा विश्व "क्रिकेट" का दीवाना है। तात्पर्य है कि कक्ष, मार्शल, क्रिकेट शब्दों का उत्कर्ष हो गया।

अर्थोपकर्ष : जब शब्द के अर्थ में अवनति हो जाए तो अपकर्ष कहलाता है। आज हरिजन, दादा, ग्रामीण, गुरु, महाराज तथा नेता आदि शब्दों के अर्थ वह नहीं हैं जो पहले थे। हरिजन (सफाई मजदूर) दादा (गुंडा) ग्रामीण (गँवार) गुरु (चालाक) महाराज (रसोईया) नेता (अवसरवादी) आदि में अर्थ अपकर्ष हो गया है।

शब्द के अर्थ बदलने के और भी बहुत से कारण हैं जिनमें ऐतिहासिक,

सांस्कृतिक व सामाजिक प्रमुख हैं। विदेह का अर्थ होता है बिना देह वाला। लेकिन यह अब राजा जनक का पर्यायवाची है। ''वाल्मीकि'' का अर्थ होता है जिस पर चीटिंयों ने अपना घर बना लिया हो। वह साधना में इतना रत रहा कि उसे पता ही नहीं पड़ा। वे बाद में कालजयी आदि महाकाव्य ''रामायण'' के प्रणेता महर्षि वाल्मीकि कहलाए। लेकिन अब वाल्मीकि एक जाति विशेष का वाचक बन गया है। शब्द पटेल यानी जिस के पास जमीन जोतने का पट्टा था वह गुजरात में पटेल कहलाया तथा महाराष्ट्र में वह पाटील हो गया। पटेल या पाटील का जाति समुदाय से बिल्कुल संबंध नहीं है अन्यथा अहमद पटेल अपने आगे पटेल नहीं लगाते।

शब्द है पटावाला : गुजरात में यह चपरासी का वाचक है। मूलतः यह शब्द न्यायालय से जुड़ा है। न्यायालय में न्यायाधीश से संबंधित जो नौकर होते थे और जिनकी बाँह में एक लाल हरे रंग का पट्टा बँधा होता था वह पट्टा वाला होता था। गुजरात में पट्टावाला (पटावाला) आज भी चपरासी का वाचक है और पट्टे की माप तोल करने वाला "पटवारी" हो गया। द्विवेदी, त्रिवेदी और चतुर्वेदी वेदों के ज्ञान के आधार पर होते थे जो चारों वेदों का ज्ञाता होता था, वही चतुर्वेदी होता था। कालांतर में यह जाति सूचक हो गया और अब चतुर्वेदी का बेटा जिसने वेद आँखों से भी नहीं देखे हों वह भी चतुर्वेदी कहलाने लगा। पंडित का अर्थ जिसमें पांडित्य हो लेकिन अब निरक्षर ब्राह्मण भी पंडित जी कहलाते हैं जबकि दलित के पीएचडी बेटे को भी कोई पंडित नहीं कहता।

शब्द था वाणिज्यकारक यानी कि व्यापार करने वाला वाणिज्यकारक से वणिक बना तथा वाणिज्यकारंक से ही बनजारा बना। आपने "लाखा बनजारे" का नाम सुना भी होगा। उसके पास एक लाख पशु थे जिनमें घोड़े, खच्चर, गधे तथा गाएँ थीं। इन पशुओं पर सामान लादकर आंध्रप्रदेश में बेचा करता था। बनजारा आज भी बेचारा घुमंतू है जंगल-जंगल भटक रहा है और वणिक स्थापित होकर सेठ (श्रेष्ठ) हो गए हैं।

नए शब्दों का जन्म : परिस्थितियों स्थितियों के अनुकूल नए शब्दों का जन्म होता रहता है। पुराने खत्म होते रहते हैं। तोला, माशा, रत्ती, मन, सेर, छटाँक किताबों की चोज रह गए हैं। लीटर, मीटर आदि नए शब्द आ गए हैं। सुनामी, स्पुतनिक आदि बिल्कुल नए शब्द हैं।

संकरीकरण : ऑस्ट्रेलिया में भेड़ और बकरे के संसर्ग से एक नया पशु बनाया जिसे नाम दिया **"Geep" यानी कि "G"** goat से लिया गया तथा eep-Sheep से लिया। शब्द बन गया **"Geep"**। रूस में संकर कर के नया पौधा बनाया जिसकी नीचे जड़ में आलू और ऊपर टमाटर उत्पन्न किया गया। नए पौधे को नाम दिया पोमेटो यानी कि पोटेटो + टोमेटो = **पोमेटो**।

होटलों में एक नया नाम आया है - ब्रंच, ब्रेकफास्ट + लंच = ब्रंच

शब्द मोटल और मोपेड भी आपने सुने होंगे और पढ़े होंगे, मोटल यानी कि

मोटर + होटल = **मोटल** यानी की जो होटल हाईवे पर हो और जहाँ मोटर पार्किंग की सुविधा हो वह मोटल कहलाते हैं और शब्द मोपेड, **मोटर + पैडल** से बना है जब किसी कारण वश मोटर बंद हो जाए तो जिस मोटर बाईक को पैडल से चलाकर चलाया जा सके वह **मोपेड** कहलाएगी।

सारांश यही है कि शब्द, भाषा और संस्कृति कूप जल नहीं हैं। बहते नीर हैं। काल, समय, स्थान व प्रसंगानुकूल अपने अर्थ बदलते रहते हैं। यही संसार की नियति है।

भाषा मुख सुख है

जब ध्वनियों व लिपि का विकास नहीं हुआ था। आदमी इशारों से, संकेत से एक दूसरे की बात समझता था, समझाता था। प्यास लगी तो सीधे हाथ का चुल्लू बना दिया, भूख लगी तो पहली दो अँगुली व अँगूठे को मुख की ओर बढ़ाकर इशारा कर दिया। आप सड़क पर जा रहे हैं और आगे रेलवे फाटक है तो आपको एक क्रॉसिंग का संकेत दिखाई पड़ेगा और आप समझ जाएँगे कि आगे रेलवे क्रॉसिंग है। सिगरेट बनाकर उसके उपर क्रॉस लगा दिया समझ लो यहाँ धूम्रपान वर्जित है। ज्यों ज्यों मानव सभ्यता का विकास होता गया, बहुत सारे इशारों की जरूरत पड़ी और यहीं से ध्वनियों का विकास शुरू हुआ और बाद में लिपि का। आज भी संसार में बहुत सारे ऐसे समूह हैं जिनके पास न लिपि है और न ध्वनि चिह्न लेकिन अपना काम चलाते हैं। भाषा की परिभाषा भाषा वैज्ञानियों ने दी "भाषा ध्वनि प्रतीकों की यादृच्छिक (बनाई हुई) व्यवस्था है जिसके माध्यम से एक भाषाई समाज के लोग आपस में वार्तालाप करते हैं, विचारों का विनिमय करते हैं।" एक भाषाई समाज इसलिए कहा गया कि कोई अमुक शब्द किसी एक भाषा में एक अर्थ देता है तो दूसरी भाषा में दूसरा। और दूसरा ही नहीं बिल्कुल विपरीत अर्थ देता है यथा—लहँगा। यह उत्तरभारत में महिलाओं का परिधान है जबकि गुजरात में यह पुरूषों का परिधान पायजामा का वाचक हो जाता है। राजीनामा का अर्थ हिंदी क्षेत्र में सहमति है तो गुजरात में असहमति है। गुजरात में पति पत्नी के बीच राजीनामा हुआ है तो समझ लो कि तलाक हो गया है। गुजराती में कहें तो छुट्टा-छेड़ा हो जाता है। गुड्डू पप्पू का अर्थ हिंदी में नन्हे मुन्ने के लिए होता है तो तेलुगु में अंडा-दाल के लिए होता है। चेष्टा का अर्थ हिंदी में कोशिश करना है तो मराठी में मसकरी करना है। तात्पर्य यही है कि भाषा ध्वनि प्रतीकों की बनाई हुई व्यवस्था है, एक समाज के बीच।

ध्वनि प्रतीक बनते रहते हैं बिगड़ते रहते हैं, संधि होते रहते हैं, मिटते भी रहते हैं। शब्दों के निर्माण कहानी बड़ी अजब है। कुछ इतिहास से जुडे हैं, कुछ समाज से, कुछ स्थान से, कुछ सादृश्य बने। आगे इस लेख में हम शब्दों के निर्माण की चर्चा करेंगे। भाषा एक बहता नीर है प्रवाह है जो व्याकरण के नियमों को नहीं मानता। यही कारण रहा है कि वैदिक संस्कृत के मुकाबले तत्कालीन समय में देशज भाषा संस्कृत को महर्षि वाल्मीकि व वेदव्यास ने अपनाया जबकि पाणिनि ने संस्कृत

को व्याकरण के नियमों से बाँधा तो भाषा बंधन को तोड़ते हुए पालि (पालि गाँव या कस्बे की भाषा) आंध्र प्रदेश में पालि का अर्थ कस्बे से है। (रामपल्ली, त्रिचरापल्ली, लिंगम्पल्ली आदि) कवि गुरु रवींद्र नाथ टैगोर ने पल्ली गीत(लोकगीत) लिखे हैं। पालि के बाद प्राकृत अपभ्रंश होते हुए हिंदी का विकास हुआ। यह अपभ्रंश वैदिक संस्कृत वाली धारा में ही नहीं आगत शब्दों से हुआ।

स्वजन	सज्जन	सजन	साजन
अध्यापक	अज्झापइ	अज्झा	झा
बल्लभ	बल्लम	बलम	बालम
स्वामी	सामी	साईं	सैंया
दुर्लभ	दूलभह	दूल्हण	दूल्हा

अन्य भाषाओं के जो शब्द हिंदी में आए उनका भी अपभ्रंशीकरण हुआ।

गैसलाइट	गैसलैट	घासलेट
ऑर्डरली	आर्डल्ली	अर्दली
प्लाटून	पलाटून	पलटन
कैप्टेन	कप्टान	कप्तान
नाइट्रोजन	नत्रजन	
ट्रेजेडी	त्रासदी	
एकेडमी	अकादमी	

हू कम्स देअर = हुकुम सदर

काफी शब्द मुख सुख के कारण अपभ्रंश हो जाते हैं–

स्तंभ	खंभ (खंभात)
स्कंध	कंधा
उपर्युक्त	उपरोक्त
स्थाली	थाली
स्थल	थल (सेना)
स्टेशन	टेशन (गुजरात में)

स्तन (महिला) थन (भैंस, गाय, बकरी) मूलतः कोई अंतर नहीं

कुछ शब्द सूक्ष्मता के कारण बन जाते हैं, मालूम ही नहीं पड़ता

शुक्ल दिवस	सुदी
बहुल कृष्ण दिवस	बदी

कुछ शब्दों के अमानक रूप ज्यादा बल व बहुप्रयोग के कारण मानक मान लिए जाते हैं।

सुस्वागतम– सही शब्द है **स्वागतम है सु आगतम**। दूसरे सु की आवश्यकता है ही नहीं।

पावग रोटी– पाव का अर्थ ही खमीर वाली रोटी होता है। रोटी जोड़ने की जरूरत ही नहीं है।

श्रेष्ठ– अपने आप में श्रेष्ठ है लेकिन फिर भी लोग सर्वश्रेष्ठ और बाद में तम प्रत्यय जोडकर श्रेष्ठतम बना देते हैं। कुछ शब्दों के पीछे मूल कारण थे। बाद में मूल कारणों का पता न होने के कारण शब्दों का अर्थ विस्तार हो गया।

सूत्रपात– (सूत का गिराना) मकान बनाने के लिए दीवार चिनने के लिए राज मिस्त्री डोरी डालकर दीवार की सीधाई नापते थे आज भी नापते हैं लेकिन अब सूत्रपात किसी भी नए काम करने के लिए प्रयुक्त किया जाता है।

गवेषणा– गाय के ढूँढ़ने के लिए प्रयुक्त होता था लेकिन आज गंभीर बहसों, अध्ययन का नाम गवेष्णा है।

पुण्य– करने वाला ही निपुण कहलाता था। आज फर्नीचर बनाने वाला भी निपुण कहलाता है।

हलवाई– केवल हलुआ बनाने वाले कारीगर को कहा जाता था अब हलवाई बालूशाही, सोहन पपड़ी और जलेबी भी बना रहा है।

क्लाइंट– का अर्थ दास या नौकर था। अब ग्राहक वाचक है।

लेडी– का अर्थ रोटी बनाने वाली महिला को कहते थे आज शायद ही कोई लेडी रोटी बनाती है।

बाइबिल की कहानी बड़ी रोचक है। मिस्र में पेपीरस पौधे से कागज बनाते थे बाइलौस शहर से अधिकांशतः कागज निर्यात होता था। अब बाइलौस कागज का पर्याय बन गया। बाइलौस कागज पर लिखी छोटी किताब (गुटका) को यूनानियों ने बिबिलयोज कहा जो कालांतर में ईसा की मृत्यु के बाद उनके धर्म और जीवन पर लिखित पुस्तक 'बाइबिल' कहलाई।

कुछ शब्दों का अथदिश हो जाता है जैसे **कुंजर**, जो कुंजों में चले। कोई भी पशु जानवर हो सकता है लेकिन हाथी के लिए सीमित कर दिया है। समुद्री सीमा के अंत पर स्तंभ गाड़ा गया। स्तंभ से खंभ और खंभा से **खंभात** (खंभात की खाड़ी) शब्द बना।

मृग–जंगल के जानवरों के लिए प्रयुक्त होता था जैसे–

मृगेश–सिंह, मृगों का राजा

तृण मृग–गिलहरी, धारियों वाला, पेड़ के तनों पर चलने वाला जानवर

शाखा मृग–बंदर (शाखाओं पर उछल कूद करने वाला जानवर)

हस्तिन मृग–हाथी (जिस पशु के हाथ हो, हाथी की सूँड उसका हाथ ही होता है)

संस्कृत में शेर के लिए हिंस्रक शब्द है यानी जो हिंसा में विश्वास करें पता नहीं कब और कैसे हिंस्रक सिंह हो गया।

दुहिता का अर्थ दूध दुहने वाली बेटी से था। आज हरेक बेटी दुहिता है।

कक्ष में घोड़े बाँधे जाते थे आज अधिकारी विराजते हैं।

कुछ शब्दों का अपकर्ष हो गया है जैसे **'नग्न लुंचित'** शब्द से **नंगा-लुच्चा** जो कि सामाजिक दृष्टि से ठीक नहीं है। लेकिन जैन मुनियों के बालों को नोंचकर उखाड़ने की एक धार्मिक प्रक्रिया है। **मुनि** उस धार्मिक नेता को कहा जाता था जो कि बिल्कुल मौन रहे लेकिन आज कई मुनि जोर जोर से चिल्लाकर अपनी बात कहते हैं फिर भी मुनि हैं।

पहले कांस्टेबल का अर्थ ऑफीसर था बाद में सिपाही वाचक हो गया।

मैथुन जोड़े (मिथुन) द्वारा किया गया कोई भी कार्य था। अब मात्र संभोग के रूप में लिया जाता है।

धान्य का अर्थ अनाज, धान्य से धान बना जो कि चावल के पौधे को कहा जाता है। पंजाब में चोहना भी कहते हैं, गुजराती में डाँगर।

यज्ञ कराने को **यजमान** कहते थे लेकिन धार्मिक ग्राहक है।

वेद-वेदांगों का अध्येता **उपाध्याय** था इससे अपभ्रंश हुआ शब्द **ओझा**। झाड़ फूँक करने वाले का वाचक हो गया।

गिलास–काँच का बना होता था अब स्टील व प्लास्टिक का भी गिलास है।

पेन यानी पंख से बनी कलम को कहा जाता था आज स्टील की बन रही है। कुछ शब्दों का इतिहास होता है।

वड़ोदरा वड़ वृक्षों की बहुतायत के कारण बना।

गोधरा (गायों की धरा) ध्रांगध्रा (चट्टानों की धरा), दाहोद–दो हद गुजरात और मध्य प्रदेश की हदें मिलती हैं। इसलिए दोहद से बिगड़कर दाहोद हो गया।

गुवाहाटी (गुवा–सुपाडी, हाट–बजार)

शिलाँग–शिवलिंग से बना

इस तरह हम देखते हैं कि शब्दों का निर्माण समाज, काल, स्थिति, स्थान आदि के कारण तथा मुख सुख के कारण बदलते रहते हैं। शब्दों के निर्माण की कोई ठोस या व्यवस्थित प्रक्रिया नहीं है।

हिंदी पत्रकारिता : एक अवलोकन

समाचारपत्रों का प्रकाशन सबसे पहले छठी शताब्दी में चीन में हुआ। हमारे देश में महान् अशोक के शासनकाल में साम्राज्य के भिन्न प्रदेशों से समाचार एवं घटनाओं का वृत्तांत निश्चित समय पर भेजने का उल्लेख मिलता है। मुगल काल में पत्रकारिता का स्पष्ट उल्लेख है। बनियर ने लिखा है 'बादशाह हर जिले में वाक्यानवीस नियुक्त करते थे जो महत्त्वपूर्ण घटनाओं की रिपोर्ट, सवारों, काफिलों अथवा हरकारों के मार्फत भेजते थे।'

भारत में समाचार पत्रों का इतिहास 1690 से शुरू होता है जबकि कलकत्ता का जन्म हुआ। पहला प्रेस सीरामपुर(बंगला) बापटिस्ट मिशनरी द्वारा लगाया गया। पहला भारतीय पत्र एक अंग्रेज के संपादकत्व में 29/1/1780 को हिकीज बंगाल गजट के नाम से प्रकाशित हुआ। 1785 में ओरियंटल मैगजीन मासिक पत्र का प्रकाशन हुआ। 1791 में विलियम हुफानी नाम अमरीकी ने इंडियन वर्ल्ड प्रकाशित किया। सन् 1795 में मद्रास से इंडियन हैराल्ड निकला जिसके संपादक हफेज थे। 1818 में कलकत्ता से जेम्स स्मिथ वर्किंघम के संपादन से कलकत्ता जर्नल प्रकाशित हुआ।

भारतीय पत्रकारिता को अंग्रेज व अंग्रेजी का योगदान अधिकांशतः भारत में अंग्रेजी शिक्षा के प्रवर्तक प्रचारक लार्ड मैकाले को मानते हैं और उन पर दोषारोपण करते हैं कि उन्होंने भारतीयों को क्लर्क बनाने के लिए अंग्रेजी शिक्षा का प्रचार प्रसार किया। लेकिन इतिहासकार डॉ रमेश चंद्र मजूमदार इसे निराधार मानते हैं। उनका कहना है कि मैकाले से पहले ही भारतीय शिक्षाशास्त्री व समाजशास्त्री राम मोहन राय 1813 में लार्डअमहर्स्ट को पत्र लिखकर अंग्रेजी शिक्षा की व्यवस्था के लिए पत्र लिख चुके थे। यही नहीं भारत के बहुत सारे परंपरावादियों ने भी अंग्रेजी शिक्षा की वकालत की थी। परिणामस्वरूप 20 जनवरी, 1817 को हिंदू कॉलिज की स्थापना हुई जो अंग्रेजी शिक्षा के प्रचार प्रसार में सबसे अधिक सार्थक सिद्ध हुआ।

भारत का पहला समाचारपत्र : उदंतमार्तंड

हिंदी का पहला साप्ताहिक समाचार 30 मई, 1826 को पं. युगुल किशोर शुक्ल

के संपादन में कलकत्ता से प्रकाशित हुआ। हालाँकि इसका जीवन बहुत ही अल्प रहा और 4/12/1827 तक ही चल पाया। अंतिम अंक में संपादक ने लिखा-

आज दिवस लौं उग चुक्यौ मार्तंड उदन्त।
अस्ताचल को जात है दिनकर दिन अब अंत।

इस तरह से हिंदी पत्रकारिता का प्रारंभ कलकत्ता से हुआ और यह भी कि बंगाल के केशव चंद्र सेन ने ही सर्वप्रथम हिंदी को राष्ट्रभाषा कहा।

हिंदी पत्रकारिता का प्रथम चरण

हिंदी पत्रकारिता का प्रथम चरण 1826 से ही शुरू हुआ और यह 1900 तक चला। इस दौरान 1834 में प्रजापति, 1845 में बनारस अखबार, 1849 में मानव समाचार, 1854 में हिंदी का प्रथम दैनिक समाचार सुधावर्षण श्री श्यामसुंदर सेन के संपादकत्व में शुरू हुआ जोकि 1868 तक चलता रहा। इसी काल में दैनिक कलकत्ता, सुधानिधि, हिंदुस्तान आदि अखबार निकाले गए।

भारतेंदु युग

इसी समय भारतेंदु हरिश्चंद्र का जन्म होता है और उन्होंने हिंदी पत्रकारिता को एक नई दिशा दी। अब तक हिंदी पत्रकारिता पर पूरी तरह से ब्रजभाषा का प्रभाव था।

'सभी को खबर दी जाती है कि जिस किसी को गंगा की मिट्टी लेनी हो तो तीर की रात बल्ली और फुट 151 के अटकल जगह छोड़ के खले की मुँह खनि लेय'

इसी काल में राष्ट्रीय आंदोलन शुरू हो चुका था। केशव चंद सेन और राजाराम मोहन राय इसके अगुआ थे। इसी काल में भरतमित्र सार सुधानिधि, उचित वक्ता कवि सुधा हरिश्चंद मैगजीन, हिंदी प्रदीप, हरिश्चंद आदि अखबार प्रकाश में आए। इसी दौरान 1893 में नागरी प्रचारिणी सभा का गठन हुआ। बाबू श्यामसुंदर, राम नारायण मिश्र, शिवपूजन सहाय इस दौर के मुख्य पत्रकार थे।

तृतीय चरण

इस चरण में विदेशी वस्तुओं का बहिष्कार व स्वदेशी का आंदोलन चल पड़ा था। बाल गंगाधर तिलक उग्र पत्रकारिता के हिमायती, विपिनचंद पाल, लाला लाजपतराय, अरविंद घोष आदि राजनीति का नेतृत्व कर रहे थे। तो वहीं महावीर प्रसाद द्विवेदी 'सरस्वती' के माध्यम से हिंदी पत्रकारिता का मानकता प्रदान कर रहे थे। भाषा की शुद्धता पर इस पत्रिका ने काफी जोर दिया। मारवाड़ी बंधु, नृसिंह व देवनागर इस समय के प्रमुख समाचार पत्र हैं। दुर्गा प्रसाद मिश्र, अंबिका प्रसाद वाजपेयी, बाबू राव विष्णु पराडकर, लक्ष्मीनाराण वाजपेयी आदि प्रमुख पत्रकार हैं।

गांधी युग

गांधी युग के साथ ही आदर्शवादी पत्रकारिता शुरू हुआ। इसी समय विशाल भारत का प्रकाशन शुरू हुआ। माधुरी सुधा और मतवाला का प्रकाशन शुरू हुआ। मतवाला ने तो सारे बंधन तोड़ डाले। उधर पंडित सूर्यकांत त्रिपाठी निराला ने कविता में नया प्रयोग किया "खुल गए छंद के बंध" तो संपादकों ने समाज को हर दृष्टि से एक नई दिशा प्रदान की।

मतवाला के संपादकीय स्तंभ के ऊपर अकबर इलाहाबादी की ये पंक्तियाँ - वेद वाक्य के रूप में रहती थीं –

खींचो न कमानों को न तलवार निकालो
जब तोप मुकाबिल हो तो अखबार निकालो

एक संपादकीय में लिखा गया–

"पेट मसरूफ है क्लर्की में
दिल है ईरान और टर्की में
रहते तो हिंदुस्तान में हैं
और सपना देखत हैं अरब का।"

इस काल को स्वच्छंदता और नवजागरण का काल भी कहा गया है। इस काल में आचार्य शिवपूजन सहाय, बनारसी दास चतुर्वेदी तथा नवजाति कलास प्रमुख पत्रकार रहे।

वर्तमान संदर्भ

वर्तमान मीडिया पूर्णतः इलेक्ट्रॉनिक मीडिया को समर्पित है तथापि प्रिंट मीडिया की भी उपयोगिता अभी कम नहीं हुई है। मुद्रित शब्द ज्यादा दिनों तक टिका रहता है। आज प्रिंट मीडिया में दो तरह की पत्रकारिता है। एक समाचार पत्रकारिता दूसरी साहित्यिक पत्रकारिता। समाचार पत्रकारिता के रूप में वर्तमान इंडिया टूडे और आउट लुक दो ही मात्र अच्छी पत्रिका हिंदी में हैं।

दैनिक समाचार पत्रें में नवभारत टाइम्स, हिंदुस्तान, जनसत्ता, नई दुनिया है। प्रसार की दृष्टि से दैनिक जागरण, दैनिक भास्कर, पंजाब केसरी व अमर उजाला अपनी पकड़ बनाए हुए हैं।

साहित्यिक पत्रिका में हंस एक अच्छी पत्रिका है लेकिन यह कथा साहित्य को ही समर्पित है। समकालीन साहित्य कथादेश, वर्तमान साहित्य, कादम्बिनी का अपना स्थान है। लोकप्रियता की दृष्टि से दिल्ली प्रेस की पत्रिकाएँ भले ही साहित्यिक न हों पर सबसे आगे हैं। मानक वर्तनी की दृष्टि से सरिता उत्कृष्ट पत्रिका है। यह पत्रिका अच्छी सामाजिक/पारिवारिक पत्रिका है। इस प्रकार

पत्रकारिता की उपादेयता हमेशा से रही है और रहेगी। डॉ सुशीला ने पत्रकारिता को मौसम पक्षी बताया है तो विद्यालंकार इसे पाँचवाँ वेद मानते हैं। प्रभाष जोशी इसे चौथा खंभा बताते हैं और कहते हैं कि इसे अन्य तीन पर जज के रूप में रहना चाहिए। वेद प्रताप वैदिक इसे नया नाम खबर पालिका देते हैं तो श्रीमती इंदिरा गांधी ने पत्रकारिता को एक सच्ची जनसेवा कहा है। डॉ मैथ्यू अर्नलडो ने इसे आशु साहित्य की संज्ञा दी है।

राजभाषा पत्रकारिता

14 सितम्बर, 1949 को हिंदी भारत संघ की राजभाषा घोषित की गई। पूरे देश में केंद्र सरकार, बैंकों तथा उपक्रमों में हिंदी अनुभाग खोले गए। विभागीय प्रतिभाओं को उचित मंच प्रदान करने तथा राजभाषिक गतिविधियों की जानकारी आम कर्मचारी/जनता तक पहुँचाने के उद्देश्य से कुछ विभागों ने हिंदी की पत्रिकाएँ प्रकाशित करना शुरू किया। कुछ विभाग मासिक, कुछ त्रैमासिक पत्रिकाएँ प्रकाशित कर रहे हैं। वर्तमान में कोल(इंडिया) लि की खनन भारती सेल की इस्पात भाषा भारती, भारतीय स्टेट बैंक की प्रयास, रेल विभाग की रेल राजभाषा, इंडियन एअरलाइन्स की वैमानिकी, सेंट्रल वेअरहाउस की भंडारण भारतीय इंडियन ऑयल की अभिधा उल्लेखनीय पत्रिकाएँ हैं। इस्पात राजभाषा भारत, प्रयास व रले राजभाषा व्यावसायिक पत्रिकाओं के स्तर की पत्रिकाएँ हैं। इस प्रकार राजभाषा पत्रिकारिता भी निरंतर विकास की ओर अग्रसर है।

□□□